ADOLF LOOS

Abbildung Umschlagvorderseite: Kärntner Bar
Abbildung Seite 4: Villa Müller
Abbildung Umschlagrückseite: Villa Moller
Englische Übersetzung: Tim Sharp/Eurocom
Italienische und französische Übersetzung: Eurocom
Gestaltung und Fotografien: Walter Zednicek
Im Eigenverlag Walter Zednicek, 1050 Wien
www.wienerarchitektur.at
Gesamtherstellung: Grasl Druck & Neue Medien, 2540 Bad Vöslau
Alle Rechte vorbehalten
Wien, 2004
ISBN: 3-9500360-6-7

ADOLF LOOS

Pläne und Schriften

WALTER ZEDNICEK
Photographien

Inhalt – Contents – Contenuto – Sommaire

Biografie von Adolf Loos	6
Christian Kühn: Loos sehen lernen	8
Christian Kühn: Learning to look at Loos	12
Christian Kühn: Imparare ad ammirate Loos	16
Christian Kühn: Apprendre á voir Loos	20
Schneidersalon Ebenstein	25
Café Museum	27
Wohnung Turnovsky	28
Villa Karma	29
Wohnung Adolf Loos	30
Schmuckfederngeschäft Steiner II	35
Kärntner Bar	37
Haus am Michaeler Platz	47
Haus Goldman	75
Haus Steiner	77
Schneidersalon Kniže	83
Haus Stoessl	94
Wohnung Goldman	98
Haus Horner	100
Haus Scheu	103
Buchhandlung Manz	113
Wohnung Boskowits	116
Café Capua	119
Anglo-Österreichische Bank II	121
Haus Mandl	125
Haus Duschnitz	126
Haus Strasser	138
Villa Rufer	141
Villa Reitler	147
Herrenmodesalon P. C. Leschka & Co	148
Landhaus Spanner	149
Haus Tristan Tzara	150
Villa Moller	152
Villa Müller	159
Landhaus Khuner	188
Gärtnerhaus Khuner	203
Einfamilien-Doppelhaus, Werkbundsiedlung	204
Villa Winternitz	206
Ausgewählte Literatur – Bildnachweis – Dank	208

Biographie

1870	Adolf Loos wird am 10. Dezember in Brünn, Mähren, geboren; beginnende Schwerhörigkeit mit etwa 12 Jahren
1882	Besuch des Obergymnasiums in Iglau gemeinsam mit Josef Hoffmann und Hubert Gessner
1884/85	Besuch des Obergymnasiums in Melk
1886/87	Bautechnische Abteilung der Staatsgewerbeschule in Reichenberg, Maurerpraktikum in Brünn
1887/88	Deutsche Staatsgewerbeschule in Brünn gemeinsam Josef Hoffmann
1889/90	Hospitant an der Hochbauabteilung des Polytechnikums in Dresden
1890/91	Militärdienst als Einjährig-Freiwilliger
1891/93	Studien an der Königlichen Sächsischen Technischen Hochschule in Dresden
1893/96	Aufenthalt in den Vereinigten Staaten von Amerika, lebt bei seinem Onkel in Philadelphia; Besuch der Weltausstellung in Chicago, Reise nach New York und St. Louis. Arbeitslos, dann Tätigkeit als Heizer, Tellerwäscher, Kunst- und Musikkritiker, zuletzt Zeichner bei einem Architekten; Schlüsselerlebnis beim Anblick eines glatten, unverzierten Koffers. Bruch mit seiner Familie.
1896	entgegen der damaligen Tendenz – Rückkehr nach Europa. Nach Aufenthalten in London und Paris kommt Loos nach Wien, um als Architekt zu arbeiten. Beschäftigung bei der Firma des Baumeisters Carl Mayreder; Bekanntschaft mit Peter Altenberg und Karl Kraus
1897/1929	Loos schreibt für die „Neue Freie Presse" zahlreiche Artikel. Die gesammelten Aufsätze aus den Jahren 1897/1900 erscheinen 1921 in Buchform unter dem Titel „Ins Leere gesprochen". Von 1900/1930 im Jahr 1931 unter dem Titel „Totzdem".
1897	erste Inneneinrichtung: Schneidersalon Ebenstein
1898	Konsulartätigkeit für die Wiener Möbelfabrik Otto Schmiedt
1899	Cafe „Museum"
1902	Heirat mit der Schauspielerin Lina Obertimpfler
1903	„Das Andere". Ein Blatt zur Einführung abendländischer Kultur in Österreich; 2 Hefte mit den Beiträgen von Adolf Loos erscheinen
1904	Scheidung von Lina Loos (weitere zwei Ehen scheitern ebenfalls); Bekanntschaft mit der britischen Tänzerin Bessie Bruce, die bis zum Ersten Weltkrieg seine Lebensgefährtin bleibt
1907	Loos veranstaltet zu seinen bereits zahlreich eingerichteten Wohnungen sogenannte „Wohnungswanderungen"
1908	Der Aufsatz „Ornament und Verbrechen" erscheint; Bekanntschaft mit Oskar Kokoschka
1909	Baugenehmigung für das Haus am Michaelerplatz; Reise nach Euböa und Algerien, um geeigneten Marmor zu finden. Behördliche Einstellung des Baus auf Druck der öffentlichen Meinung; schwere Erkrankung von Loos wegen der Aufregungen. An der Fassade müssen Blumenkästen angebracht werden
1912	Gründung einer Adolf Loos-Bauschule; Bekanntschaft mit Georg Trakl
1914	Loos lernt Ludwig Wittgenstein kennen
1916	mehrere Aufenthalte in Sanatorien
1918	Magenoperation
1919	erwirkt Adolf Loos die erste Ausstellung von Johannes Itten
1920	ehrenamtliche Bauberatung des Siedlungsamtes der Gemeinde Wien
1921	Bessie Bruce stirbt. Loos wird Chefarchitekt des Siedlungsamtes
1922	Zlatko Neumann wird nach Heinrich Kulka Mitarbeiter von Loos
1924	Bruch mit der Gemeinde Wien nach Ablehnung des Terrassenhausprojekts; Loos löst sein Atelier in Wien auf und übersiedelt nach Paris
1925	Loos muss seine Kokoschka-Sammlung verkaufen
1926	Aufnahme in die Société Cooperative d'Architectes de Paris; Vorträge an der Sorbonne: „Der Mensch mit den modernen Nerven", Teilnahme an der Stuttgarter Werkbundsiedlung wird abgelehnt
1928	Rückkehr nach Wien; Eröffnung des Schneidersalons Kniže auf den Champs Elysées; neue Aufträge erfordern Aufenthalte in der Tschechoslowakei
1929	schwere Erkrankung, Mitarbeiter werden brieflich oder fernmündlich instruiert
1930	Einladung des österreichischen Werkbundes vier Häuser zu bauen; mehrere Sanatoriumsaufenthalte, Kuraufenthalt in Karlsbad; Geburtstagsfeier in Prag (Villa Müller), zahlreiche Publikationen erscheinen
1931	Ausbruch eines schweren Nervenleidens; weiterhin Reisen nach Frankreich und in die Tschechoslowakei
1932	Schlaganfall; ab Herbst nicht mehr arbeitsfähig
1933	eine Krankenpflegerin begleitet Loos zu einer Reise nach Prag, dann Aufenthalt im Sanatorium Dr. Schwarzmann in Kalksburg; am 23. August stirbt Loos

1 Adolf Loos, Bildnis von Otto Mayer, Dresden 1904

„Jawohl, unsere zeit ist schön, so schön, dass ich in keiner anderen leben wollte. Unsere zeit kleidet sich schön, so schön, dass, wenn ich die wahl hätte, mir das gewand irgend einer zeit auszuwählen, ich freudig nach meinem eigenen gewande griffe. Es ist eine lust zu leben."

"Yes, these times of ours are good, so good that I wouldn't want to live in any other. Our times are dressed well, so well that even if I could choose clothing from any other time, I would still happily reach for my own clothes. It is a pleasure to be alive."

«Sì, il nostro tempo è bello, così bello che non vorrei vivere in nessun'altra epoca. La gente del nostro tempo si veste bene, così bene che, se potessi scegliere di abbigliarmi secondo la moda di un dato tempo, indosserei con gioia i miei stessi abiti. È un piacere essere vivi.»

« Mais oui, notre époque est belle, si belle que je ne voudrais vivre dans aucune autre. L'homme s'habille bien à notre époque, si bien que, si l'occasion m'était donnée de choisir l'habit de n'importe quelle époque, je saisirais joyeusement mes propres habits. La vie est une jouissance. »

Adolf Loos

Christian Kühn
Loos sehen lernen

Was ist von einem Architekten zu halten, der eine Zeitschrift zur „Einführung abendländischer Kultur in Österreich" herausgibt und sich gleichzeitig dazu bekennt, den Menschen Mut zu ihren eigenen Geschmacklosigkeiten machen zu wollen? Dem die korrekte Zubereitung von Gemüse ein ebenso dringliches Anliegen ist wie der Generalsiedlungsplan für Wien? Der ein Hochhaus in Form einer gigantischen, mit schwarzem Granit verkleideten dorischen Säule entwirft und zugleich ein Siedlungshaus patentieren lässt, das – als „Haus mit einer Mauer" – so einfach konstruiert ist, dass es im genossenschaftlichen Selbstbau hergestellt werden kann? Der einen Vortrag zum Thema „Ornament und Verbrechen" hält, aber kein Problem damit hat, die Innenräume seiner Häuser mit Perserteppichen und klassischen Friesen auszustatten? Und der schließlich einen Grabstein für sich entwarf, auf dem zu lesen steht: „Adolf Loos, der die Welt von überflüssiger Arbeit befreite."?

Dass Adolf Loos auf den ersten Blick eine widersprüchliche Figur abgibt, haben bereits seine Zeitgenossen erkannt. Den Vertretern der klassischen Moderne von Le Corbusier bis Gropius war Loos suspekt. Er galt als „Vorläufer", als einer, der zwar den zum Eklektizismus verkommenen Historismus des 19. Jahrhunderts – also die wahllose Vermischung historischer Baustile – verjagt hatte, aber trotz oberflächlicher Übereinstimmung mit den Formen des internationalen Stils nicht modern genug dachte. Loos sah in der Baukunst der Römer einen nach wie vor gültigen Maßstab; die klassische Moderne lehnte jedes historische Bewusstsein ab. Loos schätzte das Handwerk; die klassische Moderne sah die Zukunft in der Industrie. Für Loos stand das Individuum mit seinen Bedürfnissen im Zentrum; die klassische Moderne kämpfte für das Kollektiv und gegen die „Willkür des Individualismus".

Eine erste Annäherung an Loos muss vom kulturellen Umfeld der K&K-Monarchie um 1900 ausgehen. Loos wurde in ein kulturelles Klima hineingeboren, das von der immer deutlicher werdenden Krise des Historismus und von künstlerischen Reformbewegungen geprägt war. In der Literatur war mit Hermann Bahr und dem „Jungen Wien" schon in den 1880er-Jahren eine Revolte gegen die Arroganz des etablierten Kulturbetriebs ausgebrochen. Die bildenden Künste folgten ein gutes Jahrzehnt später. Die Gründung der Wiener Secession 1897 markiert den Wendepunkt einer Entwicklung, die mit der Errichtung des Ausstellungsgebäudes der Secession nach Plänen von Josef Maria Olbrich 1898 auch ihren architektonischen Ausdruck fand. Zu den neuen Ideen zählte unter Einfluss der englischen „Arts and Crafts"-Bewegung auch eine Hinwendung zum Handwerk, dem sich die bildenden Künste als Schöpfer neuer Formen und Ornamente anboten. Der gemeinsame Kampf gegen die massenhafte industrielle Reproduktion historischer Vorbilder war dabei nicht nur ein formales, sondern auch ein moralisches Anliegen: Der „Heilige Frühling" des Jugendstils als Gegenentwurf zum Materialismus der Gründerzeit.

Loos ist knapp 30 Jahre alt, als er diese Bühne mit einer radikal anderen Botschaft betritt, zuerst 1898 mit einer Artikelserie in der „Neuen Freien Presse" über das Österreichische Kunstgewerbe, aus der sich eine lebenslange Polemik gegen die „angewandte Kunst" in all ihren Spielarten entwickeln wird. Ein neuer Stil sei – so Loos – schon längst da, in den zweckmäßigen, ornamentlosen und materialgerecht geformten Alltagsgegenständen, die das Handwerk überall dort hervorbringen, wo es sich von den bildenden Künstlern nicht bevormunden lässt. In der von ihm 1903 gegründeten Zeitschrift „DAS ANDERE. EIN BLATT ZUR EINFÜHRUNG ABENDLÄNDISCHER KULTUR IN ÖSTERREICH" erläutert Loos diesen Gedanken in der Geschichte vom Sattlermeister. Verunsichert durch die Kritik, dass seine Sättel nicht mehr „modern" seien, lässt ein Sattlermeister von einem führenden Vertreter der Secession einen „modernen und phantasievollen" Sattel entwerfen. Als er aber die Entwürfe präsentiert bekommt, verschwindet seine Verunsicherung: „Lange besah sich der meister die zeichnungen und seine augen wurden heller und heller. Dann sagte er: ‚Herr professor! Wenn ich so wenig vom reiten, vom pferde, vom leder und von der arbeit verstehen würde wie sie, dann hätte ich auch ihre phantasie.' Und lebt nun glücklich und zufrieden. Und macht sättel. Moderne? Er weiß es nicht. Sättel."[1]

Mit seiner Kritik an formalen Ideologien richtete Loos sich nicht nur gegen die historisierenden Architekten, sondern auch gegen die Architekten des „Internationalen Stils". Sein Freund Karl Kraus lieferte dazu in einem Aphorismus die knappste

Zusammenfassung: Loos hätte nichts anderes getan, als auf den Unterschied zwischen einer Urne und einem Nachttopf hinzuweisen, während die anderen entweder – im Historismus und bei den Wiener Werkstätten – den Nachttopf zur Urne oder – im Funktionalismus – die Urne zum Nachttopf hätten machen wollen. Loos war bereit, traditionelle Lösungen zu übernehmen, wenn sie ihm für den „Menschen mit den modernen Nerven" brauchbar erschienen. Er verwendete noch 1930 für seine Speisezimmer Kopien von Chippendale-Sesseln mit der Begründung, dass sich das Sitzen bei Tisch seit 250 Jahren nicht verändert hätte. Aber Tradition war für ihn kein Wert an sich. Weil er in der Groß- und Kleinschreibung im Deutschen keinen Nutzen sah, publizierte er seine Texte in einer Form, bei der nur Satzanfänge und Eigennamen groß geschrieben sind. Die Schrifttypen, in denen er drucken ließ, stammten dann wieder aus der Zeit Maria Theresias: Besser lesbare seien seither nicht erfunden worden.

Dass Loos sich geradezu lustvoll auf Widersprüche einlassen konnte, verdankte er nicht zuletzt dem Umstand, dass er nie eine akademische Architekturausbildung mit ihrem Ideal der harmonischen Einheit abgeschlossen hatte. Nach einer Ausbildung an der Gewerbeschule in Reichenberg und Brünn, die er zusammen mit Josef Hoffmann, dem späteren Gründer der Wiener Werkstätte, besuchte, findet sich im Lebenslauf nur ein bald abgebrochenes Studium an der Technischen Hochschule in Dresden. Die von Loos selbst oft angeführte Maurerlehre beschränkte sich auf ein einmonatiges Praktikum, das jeder Gewerbeschüler im Rahmen seiner Ausbildung zu absolvieren hatte. Die Steinmetzwerkstätte seines jung verstorbenen Vaters, eines Bildhauers in Brünn, wo er als Kind das Baugewerbe aus der Nähe kennen lernte, hat Loos sicher nachhaltiger geprägt. Das einschneidende Erlebnis für den jungen Loos ist jedoch ein dreijähriger Aufenthalt in den USA. Unmittelbarer Anlass ist die Weltausstellung in Chicago anlässlich der 400-Jahr-Feier der Entdeckung Amerikas. Der Aufenthalt dauert von 1893 bis 1896 und bringt Loos mit der revolutionären Architektur der Schule von Chicago ebenso in Berührung wie mit der Gegenbewegung des Neoklassizismus, die bei der Weltausstellung die Oberhand gewonnen hatte. Loos bringt aus den USA nicht nur diese Eindrücke mit, sondern vor allem eine veränderte Lebenseinstellung. Zeitlebens wird er begeistert von einem Land berichten, in dem „jeder nach freiem Willen durch das Leben geht". Der Landstreicher sei dort die höchste Ausprägung einer starken Individualität: „Es gehört kein Heldentum dazu, Geld zu haben und nicht zu arbeiten. Wer aber ohne Geld arbeitslos durchs Leben geht, ist ein Held."[2]

Solche Einsichten hindern Loos nicht daran, sich bei seiner Rückreise in London von den besten Schneidern ein neue Garderobe anfertigen zu lassen und als eleganter Gentleman in die K&K-Monarchie zurückzukehren. Sein erster Auftrag in Wien ist die Inneneinrichtung des Schneidersalons Ebenstein, und man darf vermuten, dass ein großer Teil des Honorars in der erstklassigen und korrekten Kleidung bestand, auf die Loos zeitlebens höchsten Wert legte. Moderne Kleidung zeichnete sich für Loos dadurch aus, dass sie nicht auffällt, genauer gesagt, dass „man im mittelpunkte der kultur bei einer bestimmten gelegenheit in der besten gesellschaft nicht auffällt".[3] Noch drastischer nach einer Kampfansage gegen den Individualismus klingt diese Forderung, wenn Loos sie direkt auf die Architektur bezieht: „Genug der Originalgenies! Wiederholen wir uns unaufhörlich selbst. Ein Haus gleiche dem anderen!"[4]

Für Loos bedeutete diese Forderung jedoch alles andere als eine Unterdrückung des Individualismus. Im Gegenteil: Der Individualismus des modernen Menschen sei so stark, dass er sich nicht mehr in Äußerlichkeiten darstellen ließe, weder in der Bekleidung noch in der Architektur. Loos ist der erste Architekt seiner Zeit, der in der Massengesellschaft keine Bedrohung sieht, die mit gesteigertem Formwillen zu überwinden wäre: „Nur unter narren verlangt jeder nach seiner eigenen kappe."[5] Er ist stolz darauf, in seinen Wohnungs-einrichtungen nicht als Künstler zu agieren. Die meisten Möbelentwürfe, die Loos zugeschrieben werden, sind raffinierte Modifikationen und Kombinationen von Standardmöbeln aus den großen Wiener Möbelhäusern. Loos sieht sich als Berater seiner Bauherren, als „Fremdenführer für kulturfremde": „Manche kommen zu mir, weil sie die quellen nicht wissen, manche, weil sie keine zeit haben. Aber ein jeder lebt in seiner eigenen wohnung nach seiner eigenen individualität. Allerdings gemildert durch meine ratschläge."[6] Erich Mandl, für den Loos 1917 einen Villenumbau plante, bestätigt dieses Bild: „Loos war nicht mein Architekt, ich nicht sein Bauherr – wir haben [das Haus] gemeinsam gebaut."[7]

Dass jedes Haus im Werk von Loos seinen eigenen Charakter hat, verdankt sich nicht immer neuen Einfällen des Architekten, sondern dieser Zusammenarbeit mit den

Bauherren. Das heißt nicht, dass die Bauherren direkt am Entwurf beteiligt gewesen wären. Aber Loos hat versucht, ihre Lebensentwürfe in Architektur zu übersetzen. Das wichtige an seinen Häusern sind nicht die Mauern, sondern die Beziehungs- und Bewegungsnetze, die virtuos in allen drei Dimensionen geknüpft werden. Loos sieht hier seinen wesentlichen Beitrag: „Denn das ist die große revolution in der architektur: das lösen eines grundrisses im raum! Vor Immanuel Kant konnte die menschheit noch nicht im raum denken und die architekten waren gezwungen, die toilette so hoch zu machen wie den saal. Nur durch die teilung in die hälfte konnten sie niedrige räume gewinnen. Und wie es einmal der menschheit gelingen wird, im kubus schach zu spielen, so werden auch die anderen architekten künftig den grundriss im raume lösen."[8]

Wer versucht, sich der Architektur von Adolf Loos über Fotografien anzunähern, muss dieses Prinzip stets mitbedenken. Loos hat von seinen Arbeiten behauptet, dass sie nicht fotografierbar seien (und trotzdem jedes seiner Projekte von den besten Fotografen minutiös dokumentieren lassen). Die starke Physiognomie vieler Loos'scher Fassaden mit ihrem oft symmetrischen, gesichtartigen Aufbau, lässt sich zwar gut porträtieren. Aber die Gesamtwirkung eines Hauses Moller – von dem Loos ironisch anmerkt, es bilde durch sein Gesicht „einstweilen noch den schrecken harmloser wintersportler"[9] – lässt sich nur dann nachvollziehen, wenn man die symmetrische Straßen- und die asymmetrische, nüchterne Gartenfassade und das Raumgeflecht dazwischen wie in einer filmischen Sequenz als Ganzheit betrachtet. Das gilt für die großen wie für die kleinsten Wohnhäuser im Werk von Loos. Im Grundriss lässt sich das Haus in der Werkbundsiedlung inklusive seiner Außenmauern bequem in der Wohnhalle des Hauses Müller in Prag unterbringen. Und trotzdem findet sich auch in diesem kleinen Haus dasselbe Spiel räumlicher und visueller Verflechtung und Überlagerung.

Wer durch die Seiten des vorliegenden Photobandes blättert, sollte also „im Kopf gehen" lernen. Das Repertoire an Formen, dem man dabei begegnet, ändert sich über die Jahre nur wenig. Selbst Entwürfe, die 20 Jahre auseinanderliegen, wie das Haus Scheu aus dem Jahr 1910 und die Villa Müller aus dem Jahr 1930, zeigen in der äußeren Erscheinung kaum eine Entwicklung, obwohl gerade diese 20 Jahre an kulturellen und sozialen Umwälzungen ja nicht gerade arm waren. Auch im Inneren bleiben die Elemente der Einrichtung im Wesentlichen gleich. Es sind dieselben hochwertig verarbeiteten Oberflächen, wobei einfaches gebeiztes Sperrholz mit demselben Respekt behandelt wird wie an anderen Stellen edler Marmor. Es sind die Spiegel und hochglänzend lackierten Flächen, mit denen Räume verdoppelt oder ins Endlose ausgedehnt werden. Die geschliffenen Gläser, an deren Kanten sich die Welt vervielfacht. Die privaten Ornamente, die Loos als persönliche Erinnerungen jederzeit als Teil einer Wohnungseinrichtung gelten ließ. (Nur neue zu erfinden, hat er stets abgelehnt.) Und es sind immer wieder die Elemente der klassischen Architektur, die gebrochenen Symmetrien, die Friese und Säulen, die vor allem seine großen Projekte, von denen nur das Haus am Wiener Michaelerplatz realisiert wurde, charakterisieren.

Aus diesem Repertoire erzielt Loos durch das „Lösen des Grundrisses im Raum" eine Komplexität, die sich über die Jahre steigert. Zwar ist bereits das Haus Scheu ein kompakter Baukörper, in den autonome Mikrokosmen geschlichtet werden, aber hier spielt sich noch alles auf durchgehenden Geschoßebenen ab. Im Haus Müller werden die Räume dagegen gleichsam in einem vertikalen Strudel nach oben gezogen, durcheinandergewirbelt und auf unterschiedlichen Niveaus verankert. Ein komplexes System von Treppen verbindet diese Niveaus zu einer Inszenierung des großbürgerlichen Wohnens mit genau komponierten Bewegungsabläufen und Blickbeziehungen. So neutral das Haus nach außen wirkt, so spezifisch für seine Zeit und die großbürgerliche Kultur seiner Bauherrn ist es im Inneren. Wer in diesen Räumen direkte Anregungen für das heutige Wohnen sucht, läuft Gefahr, in einem Marmorbad in Loos'scher Manier zu enden. Loos hat stets für die Gegenwart gebaut und teuer dafür bezahlt, dass er die Sehnsucht nach vertrauten Bildern und nach Gemütlichkeit nicht befriedigen konnte. Wo immer er den Bereich des Privaten verließ, geriet er in Konflikte mit der öffentlichen Meinung, die seine Existenz als Architekt bedrohten. Trotzdem: „Mir bangt nicht für mich", sagt er 1911 in einem Vortrag über das Haus am Michaelerplatz, in dem er mit seinen Kritikern abrechnet. „Mir bangt für die Baukünstler in 100 Jahren. Wen werden sie davon in 100 Jahren mit dem Haus am Michaelerplatz erschlagen?"[10] Es wäre im Sinne von Loos, wenn das Vergnügen an den Fotografien eines radikalen „heute", das 100 Jahre zurückliegt, nicht zur Nostalgie führt, sondern den Blick auf die Gegenwart schärft.

2 Adolf Loos, Heliogravure nach Foto von W. Weis, Wien 1912

„Erziehen heißt, dem menschen aus seinem urzustande helfen. Das wozu die entwicklung der menschheit jahrtausende gebraucht hat, hat jedes kind nachzuholen."

"Education means helping people to overcome their original condition. Every child has to catch up on what mankind took millennia to develop."

«Educare significa aiutare gli uomini ad uscire dalle loro condizioni originarie. Quella via che l'umanità ha messo migliaia di anni a percorrere, deve essere ripercorsa da ogni bambino.»

« Éduquer signifie aider l'homme à s'extirper de sa condition originelle. Chaque enfant doit assimiler d'une seule fois ce que l'humanité a nécessité plusieurs millénaires à acquérir. »

Adolf Loos

Christian Kühn
Learning to look at Loos

What are we to think of an architect who publishes a periodical on "Introducing Western culture to Austria" and who at the same time encourages people to embrace their own tastelessness? For whom the correct preparation of vegetables is as pressing an issue as the general development plan for Vienna? Who designs a high-rise building in the form of a huge Doric column clad in black granite while at the same time patenting a house – the "house with one wall" – which is so simple in its construction that it can be self-built by cooperatives? Who presented a lecture on the subject "Ornament and Crime", but does not have a problem with adorning his own houses with Persian carpets and Classical friezes? And who finally designed a tombstone for himself with the words: "Adolf Loos, who freed the world from superfluous work."?

The fact that Adolf Loos at first glance presented a rather contradictory figure was well-known to his contemporaries already. The representatives of classic Modernism from Le Corbusier to Gropius were suspicious of Loos. He was seen as a "forerunner", as one who may have turned his back on the historicism of the 19th century which had degenerated into mere eclecticism – the indiscriminate mixing of historical styles – but who despite superficial agreement with the forms of the international style did not think sufficiently modern. Loos believed that the architecture of the Romans still set a valid standard; classic Modernism refused all historic consciousness. Loos treasured craftsmanship; classic Modernism saw the future in industry. For Loos, the individual and his needs was the focal point; classic Modernism campaigned for the collective and against the "arbitrariness of individualism".

A first approach to Loos must begin in the cultural environment of the K&K Monarchy of the Austro-Hungarian Empire around 1900. Loos was born into a cultural climate which was characterised by the ever-deepening crisis of historicism and artistic reform movements. In literature, Hermann Bahr and the "Young Vienna" movement had already triggered a revolution in the 1880s against the arrogance of the cultural establishment. The fine arts followed a good decade later. The founding of the Vienna Secession in 1897 marked the turning point of a development which found its architectural expression in the construction of the Secession exhibition building designed by Josef Maria Olbrich in 1898. The new ideas included a return to craftsmanship, under the influence of the English "Arts and Crafts" movement, which was combined with the fine arts to create new forms and ornaments. The joint fight against mass industrial reproduction of historical precedents was not just an artistic, but also a moral approach: the "Ver Sacrum" – Holy Spring – of the Jugendstil movement was in fundamental opposition to the materialism of the *Gründerzeit* period of the late 19th century.

Loos was just 30 years of age when he first trod this stage in 1898 with a radical new message, with a series of articles in the "Neue Freie Presse" ("New Free Press") about Austrian arts and crafts, from which developed a life-long polemic against "applied arts" in all genres. According to Loos, a new style had long existed in the practical, unornamented everyday objects with their well-chosen materials, which were produced by craftsmen wherever fine artists did not take over. In the periodical he founded in 1903, "THE OTHER. A JOURNAL FOR THE INTRODUCTION OF WESTERN CULTURE TO AUSTRIA" ("DAS ANDERE. EIN BLATT ZUR EINFÜHRUNG ABENDLÄNDISCHER KULTUR IN ÖSTERREICH") Loos explains these ideas by telling the story of the saddler. Unsettled by criticism that his saddles are no longer "modern", a saddler has a "modern, imaginative" saddle designed by one of the leading representatives of the Secession. But when the designs are shown to him, his uncertainty vanishes: "The master craftsmen looked at the drawings for a long time and his eyes became brighter and brighter. Then he said: 'Professor! If I understood so little about riding, horses, leather and work as you do, then I would share your imagination.' And he now lives in complete contentment. Making saddles. Modern ones? He doesn't know. Just saddles."[1]

With his criticism of formal ideologies Loos not only opposed the historicist architects, but also the architects of the "International Style". His friend Karl Kraus summarised this in a succinct aphorism: Faced with an urn and a chamber pot, Loos would have done nothing but point out the difference between them, whereas the others would want to – in the case of historicism and the Wiener Werkstätte (Vienna Workshops) – transform the chamber pot into an urn or – in the case of functionalism – transform the urn into a chamber pot. Loos was prepared to adopt traditional solutions, provided they seemed practicable for "people with modern nerves". In 1930 he was still using reproduction Chippendale chairs for his dining rooms, with the justification that sitting at the table to eat had not changed for 250 years. But to him, tradition had no value in itself. Because he did not see any value in the use of capital letters in German, he published texts in a form which used capital letters at the start of sentences and proper names only. But the fonts in which he had his publications printed dated from the time of Maria Theresia: the legibility of these has not since been improved upon.

Loos owed the fact that he was able to take such great pleasure from contradictions not least to the fact that he had never completed an academic architectural education with its ideal of harmonious unity. After a course at the vocational schools in Reichenberg and Brünn, which he attended together with Josef Hoffmann, later to become the founder of the Wiener Werkstätte, his CV then only includes a brief, unfinished, course at the Technical College in Dresden. The apprenticeship as mason often referred to by Loos himself was limited to a month's practical experience which every student at the technical college had to complete as part of the course. The stonemasons' workshop of his father, a sculptor from Brünn who died young, where as a child Loos learned about the building trade from close quarters, certainly had a more lasting impression on him. However, the turning point for the young Loos was a three-year period spent in the USA. The immediate trigger for this was the world exhibition in Chicago celebrating the 400-year anniversary of the discovery of America. Loos stayed from 1893 to 1896 and came into contact with the revolutionary architecture of the School of Chicago as well as the counter-movement of Neoclassicism, which had won the upper hand at the world exhibition. Loos brought back with him from the USA not only these impressions, but above all a changed outlook on life. All his life he spoke enthusiastically of a country where "everyone goes through life according to their own free will." The hobos there were the ultimate expression of a strong individuality: "There is no heroism in having money and not working. But anyone who goes through life without work or money is a hero."[2]

Such insights did not prevent Loos, on his return to London, from having a new wardrobe made by the best tailors, before returning to the K&K Monarchy as an elegant gentleman. His first job in Vienna was the interior design of the Ebenstein tailors' practice, and it is fair to assume that a substantial proportion of his fee took the form of top-quality fashionable clothing, which Loos prized highly all his life. To Loos, what was special about modern clothing was that it was not conspicuous, or to put it more precisely, that "at the heart of culture, in any given occasion, with the best society, one is never conspicuous."[3] This claim sounds even more like a challenge to individualism when Loos applied it directly to architecture: "Enough of original geniuses! Let us merely repeat ourselves ad infinitum. One house should be like any other!"[4]

For Loos, however, this claim meant anything other than a suppression of individualism. On the contrary: the individualism of modern man was so strong that it could no longer be represented in outward appearances, be it clothing or architecture. Loos was the first architect of his time who did not see in mass culture a threat which could be overcome with increased emphasis on form: "Only among fools does each demand his own cap."[5] He is proud of the fact that his interior fittings do not act as works of art. Most of the furniture designs attributed to Loos are refined modifications and combinations of standard furniture from the main Viennese furniture houses. Loos saw himself as adviser to his property owners, as a "Guide for those unfamiliar with culture": "Some people come to me because they don't know of the sources, others, because they don't have the time. But everyone lives in their own dwelling according to their own individuality. Albeit tempered by my advice."[6] Erich Mandl, for whom Loos planned a refurbishment of his villa in 1917, confirmed this impression: "Loos was not my architect, I was not his client – we built (the house) together."[7]

The fact that every house by Loos had its own character is not due to the architect having ever more new ideas, but the fact that he worked together with his clients. This does not mean that the latter were directly involved in the designs and plans, but Loos tried to translate their approaches to life in the architecture. The important aspects of his houses are not the walls, but the internal networks of relationships and movement, which were ingeniously interlinked in all three dimensions. This is where Loos sees his essential contribution: "For that is the major revolution in architecture: transforming a floor plan into space! Before Immanuel Kant humanity was still unable to think in terms of space and the architects were compelled to make the toilets as high as the halls. Only by dividing in half were they able to create smaller rooms. And as people succeed in playing three-dimensional chess, so other architects, too, will in future be able to transform the floor plan into rooms."[8]

This principle must always be borne in mind when trying to approach the architecture of Adolf Loos via photography. Loos insisted of his works that they were not capable of being photographed (and yet had each one of his projects recorded in minute detail by the best photographers). The strong physiognomy of many of Loos' façades with their structure which is often symmetrical, face-like, can indeed be portrayed well. But the overall effect of one of his houses, the Moller house – of which Loos commented ironically that its face was "the fright of harmless winter sportsmen"[9] passing by – can only be truly perceived when viewed against the symmetrical street and asymmetrical, plain garden frontages and the network of space in between, as a whole, as in a filmic sequence. This applies to all the houses which are the work of Loos, from the largest to the smallest. In terms of floor area, a Loos house in the Werkbundsiedlung development, complete with external walls, could fit comfortably inside the living room of the Müller house in Prague. And yet this small house also involves the same interplay of spatial and visual interweaving and layering.

When leafing through the pages of this photographic book, it is therefore important to learn how to walk through buildings "enter the imagination". The repertoire of forms encountered changes but a little over the years. Even designs separated by 20 years, such as the Scheu house of 1910 and the Villa Müller of 1930 show little development in their outward appearance, although this 20-year period saw no lack of cultural and social upheaval. And internally, too, the interior elements remain essentially similar. There are the same quality finishes to the surfaces, where simple treated plywood is shown the same respect as quality marble in another place. There are the mirrors and shiny lacquered surfaces which appear to double the size of rooms or make them disappear into infinity. The polished glass panels, with bevelled edges which multiply the world. The private ornaments which Loos always allows to be incorporated as personal reminders forming a part of the interior design. (Although he always refused to design new ones.) And elements of Classical architecture appear again and again, the broken symmetries, the friezes and columns which above all characterise his major projects, of which only the house on Vienna's Michaelerplatz was realised.

From this repertoire, and based on the "translating the floor plan into space", Loos achieved a complexity which increased over the years. The Scheu house is a compact structure already, in which autonomous microcosms are arranged, but here everything is arranged on levels and storeys which run through the whole. In the Müller house, on the other hand, the rooms are all drawn upwards into a vertical vortex, swirling in and out of one another and anchored on different levels. A complex system of stairs links these levels forming a backdrop for upper-middle-class living with precise composition of movements and visual relationships. The house looks so neutral on the outside, and yet internally is so specifically designed for its time and the upper class culture of its owner. Anyone searching these rooms for inspiration for today's living is in danger of ending up a Loosian marble bath. Loos always built for the present and paid dearly for the fact that he was unable to satisfy the longing for familiar images and cosiness. Whenever he left the realm of the private, he came into conflict with the public opinion which threatened his existence as architect. Despite this: "I'm not worried for myself," he said in 1911 in a lecture on the house on the Michaelerplatz, in which he tackles his critics, "I'm worried for architects in 100 years' time. Who will the publik be using the Michaelerplatz house to attack in 100 years' time?"[10] It would appeal to Loos if the pleasure derived from photographs of a radical "today" which is now 100 years ago leads not to nostalgia, but to sharpening the view of the present.

3 Adolf Loos mit seinem Hörrohr

„Nun hat mich aber die natur mit einer kostbaren gabe beschenkt. Sie hat mich schwerhörig gemacht. Und so kann ich denn unter laut streitenden und debattierenden menschen sitzen, ohne verurteilt zu sein, das blech zu hören, das sie reden. Dann hänge ich meinen gedanken nach."

"Now nature has made me a precious gift. She made me hard of hearing. So I can sit in the midst of loudly arguing and debating people without being sentenced to listen to the rubbish they talk. Then I follow my own thoughts."

«Ora la natura mi ha però fatto un dono prezioso. Mi ha reso un po' sordo. Così, posso stare seduto in mezzo a persone che litigano e discutono ad alta voce senza essere condannato ad ascoltare le stupidaggini che dicono. E posso seguire il filo dei miei pensieri.»

« La nature m'a également fait don à présent d'un précieux talent. Elle m'a rendu malentendant. Je peux donc m'asseoir au milieu de gens qui discutent et se chamaillent à haute voix sans être condamné pour écouter les inepties qu'ils racontent. Je m'abandonne alors au cours de mes pensées. »

Adolf Loos

Christian Kühn
Imparare ad ammirare Loos

Cosa si può pensare di un architetto che pubblica una rivista per l'«introduzione della civiltà occidentale in Austria» e dichiara al tempo stesso di voler incoraggiare gli uomini nel loro cattivo gusto? Al quale la corretta preparazione della verdura sta tanto a cuore quanto il piano urbanistico di Vienna? Che progetta un edificio a più piani sotto forma di gigantesca colonna dorica rivestita di granito nero e al contempo fa brevettare una casa residenziale, la «casa con un muro», costruita tanto semplicemente da poter essere realizzata in una cooperativa di autocostruzione? Che tiene una conferenza sul tema «Ornamento e delitto», ma non si fa problemi ad arredare gli ambienti interni delle sue case con tappeti persiani e fregi classici? E che disegnò per se stesso una lapide con la scritta: «Adolf Loos, colui il quale liberò il mondo dal lavoro superfluo.»?
Che Adolf Loos fosse a prima vista una personalità contraddittoria è una cosa di cui si erano già accorti i suoi contemporanei. I rappresentanti della modernità classica da Le Corbusier a Gropius guardavano Loos con sospetto. Aveva la fama di «precursore», di uno che aveva sì rinnegato l'eclettismo travestito da storicismo del XIX secolo, ovvero la mescolanza indiscriminata di stili architettonici del passato, ma che nonostante la sua superficiale sintonia con le forme dello Stile Internazionale non aveva ancora un approccio sufficientemente moderno. Loos vedeva nell'architettura romana un modello sempre valido, mentre la modernità classica rifiutava qualunque coscienza storica. Loos apprezzava l'artigianato, mentre la modernità classica identificava il futuro con l'industria. Per Loos l'individuo con le sue esigenze era al centro di tutto; la modernità classica, invece, si batteva per la collettività e contro l'«arbitrio dell'individualismo».
Per avvicinarsi a Loos occorre anzitutto conoscere l'ambiente culturale della monarchia dualista attorno al 1900. Loos nacque in un clima culturale caratterizzato dalla crisi sempre più evidente dello storicismo e dal diffondersi di movimenti artistici riformisti. In letteratura, Hermann Bahr e la «Giovane Vienna» avevano già condotto una rivolta contro l'arroganza dell'establishment culturale attorno al 1880. Le arti figurative seguirono oltre dieci anni più tardi. L'inizio della Secessione viennese nel 1897 segna la svolta in un'evoluzione che trova la sua espressione architettonica nel 1898 con la costruzione del padiglione espositivo della Secessione su progetto di Josef Maria Olbrich. Tra le nuove idee rientrava anche l'interesse per l'artigianato, dovuto all'influenza del movimento inglese «Arts and Crafts», al cui servizio le arti figurative misero le loro nuove forme e ornamenti. La lotta comune contro la riproduzione industriale di massa dei modelli storici era un imperativo non solo formale, ma anche morale: la risposta della «primavera sacra» dello Jugendstil al materialismo del periodo post-unitario.
Loos ha appena trent'anni quando si affaccia su questo palcoscenico con un messaggio radicalmente diverso, pubblicando nel 1898 nella «Neue Freie Presse» una serie di articoli sull'artigianato artistico austriaco, da cui prenderà le mosse una polemica a vita contro l'«arte applicata» in tutte le sue manifestazioni. Secondo Loos, il nuovo stile esiste già da tempo, negli oggetti d'uso quotidiano pratici, privi di ornamenti e costruiti nel rispetto dei materiali, che l'artigianato realizza ovunque non si lasci condizionare dagli artisti figurativi. Nella rivista da lui fondata nel 1903 «L'ALTRO. GIORNALE PER L'INTRODUZIONE DELLA CIVILTA' OCCIDENTALE IN AUSTRIA» Loos illustra questo pensiero nella storia del mastro sellaio. Disorientato dalla critica secondo cui le sue selle non sarebbero più «moderne», un mastro sellaio fa progettare una sella «moderna e fantasiosa» a uno dei massimi esponenti della Secessione. Quando però vede i progetti, tutto il suo disorientamento viene meno: «Il mastro sellaio osservò a lungo i disegni e pian piano i suoi occhi s'illuminarono. Infine esclamò: ‹Signor professore! Se io m'intendessi così poco d'equitazione, di cavalli, di cuoio e di lavorazione come lei, avrei anch'io la sua fantasia.› E vive da allora felice e contento. E fa selle. Moderne? Non lo sa. Selle.»[1]
Con la sua critica alle ideologie formali Loos non attacca soltanto gli architetti fautori dello storicismo, ma anche gli architetti dello «Stile Internazionale». Il suo amico Karl Kraus riassume questo atteggiamento in un conciso aforisma, affermando che Loos non ha fatto nient'altro che sottolineare la differenza tra un'urna e un vaso da notte, mentre gli altri hanno voluto trasformare il vaso da notte in un'urna, come nel caso dello

storicismo e della Wiener Werkstätte, oppure l'urna in un vaso da notte, come nel caso del funzionalismo. Loos era disposto a riprendere soluzioni classiche, se riteneva che andassero bene per l'«uomo con nervi moderni». Nel 1930 utilizzava ancora per le sue sale da pranzo copie di sedie Chippendale, sostenendo che negli ultimi 250 anni il modo di stare seduti a tavola non era affatto cambiato. Ma la tradizione non era per lui un valore fine a se stesso. Non vedendo alcuna utilità nello scrivere in tedesco mettendo la maiuscola all'inizio dei sostantivi, pubblicava i suoi testi usando la maiuscola soltanto all'inizio delle frasi e dei nomi propri. I caratteri tipografici che pretendeva per la stampa risalivano a loro volta al tempo di Maria Teresa, in quanto secondo Loos erano i migliori fino ad allora inventati.

Il fatto che Loos provasse quasi gusto nel cercare ed esprimere contraddizioni è dovuto, non da ultimo, alla circostanza per cui egli non concluse mai una formazione accademica di stampo architettonico, improntata a un ideale di unità armoniosa. La formazione presso l'istituto professionale a Liberec e Brno, che frequentò assieme a Josef Hoffmann, il futuro fondatore della Wiener Werkstätte, è seguita soltanto dall'esperienza, presto interrotta, al Politecnico di Dresda. L'apprendistato da muratore di cui Loos fa spesso menzione non fu altro che un tirocinio di un mese che ogni studente dell'istituto professionale doveva svolgere nell'ambito della sua formazione. Per tutta la vita Loos restò sicuramente influenzato dall'esperienza nell'officina di scalpellino del padre morto giovane, uno scultore di Brno, dove ancora bambino si avvicinò per la prima volta all'edilizia. L'esperienza decisiva per il giovane Loos è tuttavia un soggiorno di tre anni negli Stati Uniti. La ragione contingente è l'esposizione mondiale a Chicago in occasione del quattrocentesimo anniversario della scoperta dell'America. Durante questo soggiorno durato dal 1893 al 1896 Loos entra in contatto con l'architettura rivoluzionaria della scuola di Chicago e con il movimento opposto del neoclassicismo, che ha il sopravvento in occasione dell'esposizione mondiale. Di ritorno dagli Stati Uniti, Loos porta con sé non solo queste impressioni, ma anche e soprattutto un nuovo atteggiamento esistenziale. Per tutta la vita parlerà con entusiasmo di un paese in cui «ciascuno vive liberamente la propria esistenza» e dove la figura del vagabondo è la massima espressione di una forte individualità: «Non vi è alcun eroismo nel possedere denaro e non lavorare. Chi però vive senza denaro e senza lavoro è un eroe.»[2]

Queste opinioni non impediscono però a Loos, di ritorno dagli Stati Uniti, di farsi confezionare un nuovo guardaroba dai migliori sarti di Londra per ritornare alla monarchia dualista abbigliato da elegante gentleman. Il suo primo incarico a Vienna è l'arredamento della sartoria Ebenstein, e tutto lascia supporre che buona parte dell'onorario sia consistita in raffinati capi di abbigliamento, aspetto a cui Loos diede sempre la massima importanza. Per Loos l'abbigliamento moderno era caratterizzato dal fatto di non dare nell'occhio, ovvero dal fatto che «non si dà nell'occhio nel bel mezzo della civiltà in occasione di un dato evento tra il fior fiore della società.»[3] Questa pretesa suona ancora più drasticamente rivolta contro l'individualismo quando Loos si riferisce direttamente all'architettura: «Ne abbiamo abbastanza dell'originalità dei geni! Replichiamo incessantemente noi stessi. Che una casa sia uguale all'altra!»[4]

Per Loos questa pretesa è però tutt'altro che un diniego dell'individualismo. Al contrario: l'individualismo dell'uomo moderno è così forte da non potersi più esprimere nei dettagli esterni, che si tratti di abbigliamento o di architettura. Loos è il primo architetto del suo tempo a non vedere nella società massificata una minaccia da affrontare con un'esasperata volontà della forma: «Solo i pazzi pretendono ciascuno il proprio berretto.»[5] Egli è orgoglioso di non agire da artista quando arreda le sue abitazioni. La maggior parte dei progetti di mobili attribuiti a Loos non sono altro che modifiche e combinazioni raffinate di mobili in serie prodotti dai grandi mobilifici viennesi. Loos si vede come consulente dei propri committenti, come «guida turistica per forestieri della civiltà»: «Alcune persone si rivolgono a me perché non sanno dove trovare le cose, altre ancora perché non hanno il tempo di occuparsene. Ma ognuna di queste persone vive nella sua casa, che esprime la sua individualità. Tuttavia, lievemente modificata dai miei consigli.»[6] Erich Mandl, per il quale Loos progettò la ristrutturazione della sua villa nel 1917, conferma questa immagine: «Loos non era il mio architetto ed io non ero il suo committente, abbiamo costruito insieme (la casa).»[7]

Il fatto che ogni casa realizzata da Loos abbia il proprio carattere non sempre è dovuto a nuove intuizioni dell'architetto, quanto piuttosto a questa collaborazione con i committenti. Ciò non significa che i committenti hanno partecipato direttamente alla progettazione, ma che Loos ha cercato di tradurre in architettura i loro progetti di vita. Nelle sue case non sono importanti i muri, bensì le reti di rapporti e movimenti magistralmente intessute su tre dimensioni. È in questo che Loos vede il suo contributo essenziale: «Questa rappresenta una grande rivoluzione nel campo dell'architettura: la soluzione di una pianta nello spazio! Prima di Kant, l'umanità non sapeva ancora pensare nello spazio e gli architetti erano costretti a fare il gabinetto alto quanto il salone. Soltanto dividendo tutto in due potevano ottenere locali più bassi. E come un giorno l'uomo riuscirà a giocare a scacchi su un cubo, così anche gli altri architetti risolveranno il problema della pianta nello spazio.»[8]

Chi cerca di avvicinarsi all'architettura di Adolf Loos attraverso delle riproduzioni fotografiche deve tenere sempre a mente questo principio. A proposito dei suoi lavori, Loos ha dichiarato che non sono fotografabili (e tuttavia ha fatto documentare minuziosamente ciascuno dei suoi progetti dai migliori fotografi). In effetti, la fisionomia ben definita di molte delle facciate di Loos, con la loro struttura spesso simmetrica come un volto, si presta bene ad essere ritratta. Ma l'effetto complessivo di una Casa Moller, di cui Loos dice con ironia che il suo aspetto «terrorizza tuttora gli indifesi vacanzieri invernali»[9], si può apprezzare appieno soltanto contemplando nell'insieme la facciata simmetrica sulla strada e la sobria facciata asimmetrica sul giardino e ammirando l'intreccio degli spazi interni come nella sequenza di un film. Questo vale per tutte le abitazioni realizzate da Loos, dalle più grandi alle più piccole. La pianta della Casa alla Werkbundsiedlung, compresi i muri esterni, potrebbe essere comodamente collocata nel salone della Casa Müller a Praga, e ciononostante anche in questa piccola casa si trova lo stesso gioco di sovrapposizioni e intrecci spaziali e visivi.

Chi sfoglia le pagine di questo volume fotografico deve quindi imparare ad assumere la giusta prospettiva. Il repertorio di forme in cui ci si imbatte cambia ben poco nel corso degli anni. Persino progetti realizzati a distanza di vent'anni gli uni dagli altri, come la Casa Scheu del 1910 e la Villa Müller del 1930, mostrano a stento un'evoluzione nell'aspetto esteriore, sebbene il suddetto ventennio non sia stato certo privo di sconvolgimenti culturali e sociali. Anche all'interno gli elementi dell'arredamento restano sostanzialmente uguali. Sono le stesse superfici pregevolmente lavorate, nelle quali i semplici pannelli di legno compensato verniciato sono trattati con lo stesso rispetto del marmo prezioso collocato in altri punti. Sono gli specchi e le superfici lucenti con cui gli spazi vengono raddoppiati o estesi all'infinito. I vetri molati sui cui spigoli il mondo si moltiplica. Gli ornamenti privati che Loos usava integrare nell'arredamento di un'abitazione come ricordi personali. (Rifiutandosi sempre di inventarne di nuovi). E sono sempre gli elementi dell'architettura classica, le simmetrie interrotte, i fregi e le colonne, a caratterizzare soprattutto i suoi grandi progetti, di cui però solo uno è giunto a realizzazione: la Casa sulla Michaelerplatz di Vienna.

Da questo repertorio Loos ricava, attraverso «la soluzione della pianta nello spazio», una complessità che cresce con gli anni. Difatti, la Casa Scheu è già una struttura compatta fatta di microcosmi autonomi, ma qui tutto si svolge ancora su piani distribuiti senza soluzione di continuità. Nella Casa Müller gli spazi sono invece spinti verso l'alto in una sorta di vortice verticale, mischiati tra loro e ancorati su livelli differenti. Un complesso sistema di scale unisce questi livelli per permettere la messa in scena della vita alto-borghese con una composizione precisa di movimenti e visuali. Tanto l'aspetto esterno della casa è neutro, tanto l'interno è specifico del suo tempo e della cultura alto-borghese dei suoi committenti. Chi in queste stanze cercasse stimoli diretti per il modo di vivere attuale corre il rischio di finire in un bagno di marmo in stile Loos. Loos ha sempre costruito per il presente e ha pagato cara l'impossibilità di soddisfare il desiderio di immagini familiari e intimità. Tutte le volte in cui lasciò la sfera del privato, si trovò a dover sostenere aperti conflitti con l'opinione pubblica, a rischio della sua esistenza come architetto. Tuttavia: «Non ho paura per me», dichiara nel 1911 in un intervento sulla Casa sulla Michaelerplatz, in cui parla del rapporto con i suoi detrattori. «Ho paura per gli architetti tra cento anni. Chi uccideranno tra cento anni con la Casa sulla Michaelerplatz?»[10] Loos approverebbe certamente se il piacere di ammirare le fotografie di un «oggi» radicale risalente a cento anni fa non finisse col suscitare nostalgia, bensì aiutasse ad affinare lo sguardo sul tempo presente.

4 Adolf Loos, Photographie von Trude Fleischmann, Wien, cirka 1930

„Denn jeder mensch verlässt mit modernen nerven den mutterleib. Diese modernen nerven in unmoderne zu verwandeln, nennt man erziehung."

"Every person leaves the womb with modern nerves. Turning those modern nerves into old-fashioned ones is called education."

«Perché ogni uomo lascia il grembo materno con nervi moderni. Trasformare quei nervi moderni in non moderni si chiama educazione.»

« Chaque être humain quitte en effet le ventre maternel avec un tempérament moderne. La transformation de ce tempérament moderne en un tempérament suranné s'appelle l'éducation. »

Adolf Loos

Christian Kühn
Apprendre à voir Loos

Que penser d'un architecte qui publie un magazine sur « L'introduction de la culture occidentale en Autriche » et, en parallèle, avoue sa volonté d'encourager tout un chacun dans ses propres fautes de goût ? Pour lequel la préparation correcte des légumes représente une préoccupation tout aussi pressante que le plan général d'implantation de Vienne ? Qui conçoit un immeuble sous la forme d'une gigantesque colonne dorique recouverte de granit noir et, en parallèle, fait valider une maison de rangée d'une facture tellement simple, une « maison à un mur », qu'elle peut être construite par la communauté elle-même ? Qui donne une conférence intitulée « Ornement et crime » mais n'hésite pas à décorer les espaces intérieurs de ses maisons de tapis persans et de frises classiques ? Et qui, enfin, imagine sa propre pierre tombale, revêtue de l'épitaphe « Adolf Loos. Il libéra le monde du travail superflu. » ?

Ses contemporains avaient déjà observé qu'Adolf Loos constituait au premier abord un personnage contradictoire. Loos était suspect aux yeux des représentants du moderne classique, de Le Corbusier à Gropius. Il faisait figure de « précurseur », qui pourchassait certes l'historisme dévoyé dans l'éclectisme du XIXème siècle, c'est-à-dire l'association sans discernement de styles architecturaux historiques, mais ne témoignait pas d'une pensée suffisamment moderne en dépit d'une approbation superficielle des formes du style international. Loos percevait dans l'architecture romaine un jalon d'une validité immuable, alors que les modernes classiques rejetaient toute conscience historique. Loos appréciait l'artisanat, alors que les modernes classiques imaginaient l'avenir dans l'industrie. L'individu et ses exigences étaient la pierre angulaire aux yeux de Loos, alors que les modernes classiques luttaient pour le collectif et contre « l'arbitraire de l'individualisme ».

Une première approche de Loos doit débuter dans le contexte culturel de la Double Monarchie d'Autriche-Hongrie des années 1900. Loos est né dans un climat culturel marqué par la crise de plus en plus perceptible de l'historisme et par les mouvements de réformes artistiques. Dans la littérature, une révolution avait déjà éclaté dans les années 1880 contre l'arrogance de la culture établie à travers Hermann Bahr et la « Jeune Vienne ». Les arts décoratifs lui emboîtèrent le pas environ une décennie plus tard. La fondation de la sécession de Vienne, en 1897, a marqué le tournant d'un courant qui a également trouvé une expression architecturale avec la construction de l'immeuble d'exposition de la sécession selon les plans de Josef Maria Olbrich, en 1898. Parmi les idées nouvelles figurait, sous l'influence du mouvement anglais « Arts and Crafts », le recours à l'artisanat, que les arts décoratifs s'offraient en tant que créateurs de formes et d'ornements nouveaux. Le combat commun contre la reproduction industrielle massive de modèles historiques relevait d'une préoccupation non seulement formelle, mais également morale : le « printemps sacré » du Jugendstil comme contre-projet au matérialisme de l'époque des fondateurs.

À peine âgé de 30 ans, Loos fait son entrée sur cette scène avec un message diamétralement opposé, pour la première fois en 1898 par le biais d'une série d'articles dans la « nouvelle presse libre » sur le milieu artistique autrichien, qui susciteront une éternelle polémique contre les « arts appliqués » dans toutes leurs manifestations. Un nouveau style est déjà apparu de longue date, selon Loos, dans les objets quotidiens usuels, dénués d'ornements et conçus dans la forme la plus appropriée à leur matériau, auxquels l'artisanat donne naissance lorsqu'il ne se place pas sous la tutelle de l'art décoratif. Dans la revue qu'il fonde en 1903, « L'AUTRE. UN JOURNAL POUR L'INTRODUCTION DE LA CULTURE OCCIDENTALE EN AUTRICHE », Loos explique cette philosophie à travers l'histoire d'un maître-bourrelier. Déstabilisé par les critiques selon lesquelles ses selles ne seraient plus « modernes », un bourrelier charge un éminent représentant de la sécession de concevoir une selle « moderne et originale ». Lorsque les croquis lui sont présentés, toutefois, son inquiétude est balayée : « L'artisan a longuement künt examiné les dessins. Ses yeux étaient de plus en plus brillants. Il a ensuite déclaré : ‹ Monsieur le professeur ! Si je m'y connaissais aussi peu que vous dans l'équitation, le cheval, le cuir et le travail, j'aurais également votre fantaisie. › Il vécut ensuite heureux. Et continua de fabriquer des selles. Modernes ? Il l'ignore. Des selles. »[1]

À travers sa critique des idéologies formelles, Loos ne fustige pas seulement les architectes historisants, mais également les architectes du « style international ». Son ami Karl Kraus en a donné dans un aphorisme la plus brève synthèse qui soit : Loos avait simplement évoqué la différence entre une urne et un pot de chambre, tandis que les autres, dans l'historisme et dans les ateliers viennois, auraient souhaité faire une urne du pot de chambre, ou dans le fonctionnalisme, faire un pot de chambre d'une urne. Loos était disposé à adopter des solutions traditionnelles lorsqu'elles lui paraissent utilisables pour « l'homme au tempérament moderne ». Ainsi, il a encore employé en 1930 des copies de fauteuils Chippendale pour sa salle à manger au motif que la position assise à table n'avait pas changé depuis 250 ans. La tradition n'était toutefois pas à ses yeux une qualité intrinsèque. Dès lors qu'il ne percevait aucune utilité à l'emploi des majuscules aux noms communs en allemand, il publiait ses textes dans une forme où seuls les débuts de phrases et les noms propres étaient écrits en majuscule. Les caractères dans lesquels il faisait imprimer provenaient quant à eux de l'époque de Marie-Thérèse : de plus lisibles n'avaient pas été inventés depuis lors.

Loos doit notamment la possibilité de s'adonner gaiement à ses contradictions au fait qu'il n'a jamais accompli une formation académique en architecture avec son idéal d'unité harmonieuse. Après une formation à l'école professionnelle de Reichenberg et de Brünn, qu'il a fréquentée aux côtés de Josef Hoffmann, qui fondera ultérieurement les ateliers de Vienne, son parcours se résume à des études rapidement interrompues à la haute école technique de Dresde. L'apprentissage de maçonnerie auquel il fait fréquemment allusion n'excède pas le stage d'un mois que tout élève de l'école professionnelle était tenu de réaliser dans le cadre de sa formation. L'atelier de son père décédé à un âge précoce, tailleur de pierre à Brünn, où il a appris l'architecture sur le terrain alors qu'il était enfant, a certainement marqué Loos d'une empreinte plus durable. L'expérience décisive pour le jeune Loos est toutefois un séjour de trois ans aux États-Unis, dont la motivation initiale est l'exposition universelle de Chicago organisée pour les célébrations du 400ème anniversaire de la découverte de l'Amérique. Au cours de ce séjour, qui s'étend de 1893 à 1896, Loos entre en contact, d'une part, avec l'architecture révolutionnaire de l'école de Chicago, et d'autre part, avec le mouvement alternatif du néoclassicisme, qui avait accédé à la suprématie dans l'exposition universelle. Loos rapporte des États-Unis non seulement ces impressions, mais surtout une conception différente de l'existence. Jusqu'à son dernier souffle, il parlera avec enthousiasme d'un pays dans lequel « chacun traverse la vie en laissant libre cours à sa volonté ». Le vagabondage y est la caractéristique extrême d'un puissant individualisme : « Il n'y a rien d'héroïque à avoir de l'argent et à ne pas travailler. Celui toutefois qui traverse la vie sans argent et sans travail est un héros. »[2]

Ces conceptions n'empêchent toutefois pas Loos, lors de son passage à Londres, de se commander une nouvelle garde-robe chez les meilleurs tailleurs et de faire ensuite son retour dans la Double Monarchie d'Autriche-Hongrie dans la peau d'un élégant gentleman. Sa première mission à Vienne est l'aménagement intérieur de la boutique du tailleur Ebenstein, et l'on peut supposer qu'une grande partie de ses honoraires ont pris la forme des tenues de haute qualité auxquelles Loos a accordé tout au long de sa vie la plus grande valeur. L'habillement moderne se distinguait au sens de Loos en ce qu'il n'est pas ostentatoire, ou plus précisément, en ce que « l'on ne se fait pas remarquer au cœur de la culture pour une occasion particulière dans la meilleure société ».[3] Cette prétention semble encore plus draconienne après une attaque en règle contre l'individualisme lorsque Loos fait directement référence à l'architecture : « Ras-le-bol des génies originaux ! Répétons-nous inlassablement. Une maison est égale à une autre ! »[4]

Cette exigence signifiait toutefois pour Loos tout autre chose qu'une répression de l'individualisme. À l'inverse, l'individualisme de l'homme moderne est à ce point exacerbé qu'il ne peut plus se manifester dans les apparences extérieures, pas plus dans l'habillement que dans l'architecture. Loos est le premier architecte de son époque qui ne perçoit pas dans la société de masse une menace qui devrait être surmontée par une volonté de forme accrue : « Seuls les fous réclament chacun leur propre bonnet. »[5] Il retire une grande fierté de ne pas se comporter en artiste dans ses aménagements d'habitations. La plupart des esquisses de mobilier qui ont été confiées à Loos sont des modifications et des combinaisons raffinées de meubles ordinaires des marchands de meubles viennois les plus réputés. Loos se considère comme un conseiller pour les maîtres d'ouvrage, un « guide touristique pour étrangers culturels » : « Certains font appel à mes services parce qu'ils ne connaissent pas les bons magasins, d'autres parce qu'ils n'ont pas le temps. Mais chacun vit dans son propre appartement selon sa propre personnalité. Mâtinée toutefois de mes conseils. »[6] Erich Mandl, pour qui Loos a conçu en 1917 une transformation de villa, confirme cette image : « Loos n'était pas mon architecte et je n'étais pas le maître d'ouvrage. Nous avons façonné (la maison) ensemble. »[7]

Le fait que chaque maison de l'œuvre de Loos possède son propre caractère ne peut donc toujours être attribué à de nouvelles idées de l'architecte, mais bien à cette collaboration avec les maîtres d'ouvrage. Cela ne signifie pas que les maîtres d'ouvrage aient réellement mis la main à la pâte dans la conception. Loos s'est néanmoins efforcé de traduire leurs projets de vie dans l'architecture. L'élément fondamental de ses maisons ne se trouve pas dans les murs, mais dans les réseaux de relations et de mouvements qui sont tissés avec brio dans les trois dimensions. Loos considère ainsi sa principale contribution : « Car il s'agit bel et bien de la grande révolution de l'architecture : la décomposition d'un plan dans l'espace ! Avant Immanuel Kant, l'humanité ne pouvait encore réfléchir en termes d'espace et les architectes étaient tenus d'installer la toilette à la même hauteur que le salon. Ils ne pouvaient obtenir de plus faibles espaces qu'en divisant de moitié. Et tout comme l'humanité réussira un jour à jouer aux échecs dans un cube, les architectes décomposeront à l'avenir le plan dans l'espace. »[8]

Il convient de garder ce principe à l'esprit en permanence lors de toute tentative d'approcher l'architecture d'Adolf Loos au moyen de photographies. Loos a affirmé de ses travaux qu'ils ne pouvaient être photographiés (tout en faisant malgré tout documenter soigneusement le moindre de ses projets par les meilleurs photographes). La physionomie prononcée de nombreuses façades de Loos, avec leur structure souvent symétrique, analogue à un visage, se prête effectivement bien à l'art du portrait. L'effet d'ensemble de la maison Moller, dont Loos commente non sans ironie qu'elle constitue actuellement par son visage « la terreur d'innocents adeptes des sports d'hiver »,[9] se manifeste uniquement lorsque l'on examine la façade symétrique à front de rue, la façade asymétrique et sobre du jardin et l'entrelacs d'espaces qu'elles abritent dans leur intégralité, à la manière d'une séquence filmée. Cette remarque vaut aussi bien pour les grandes habitations que les plus petites de l'œuvre de Loos. Sur papier, la salle de séjour de la maison Müller, à Prague, pourrait accueillir confortablement la maison du lotissement ouvrier, en ce compris ses murs extérieurs. Le même jeu d'imbrications et de superpositions spatiales et visuelles se dissimule pourtant dans cette maison modeste.

Le lecteur qui feuillette les pages de ce recueil de clichés doit en conséquence apprendre « bille en tête ». Le répertoire de formes qu'il rencontrera n'a connu que peu de changements au fil des années. Même des projets que 20 ans séparent, tels que la maison Scheu de 1910 et la villa Müller de 1930, ne laissent guère transparaître une évolution dans leur apparence extérieure, alors que ces deux décennies ne furent pas précisément maigres en bouleversements culturels et sociaux, loin s'en faut. À l'intérieur également, les éléments de l'aménagement sont restés sensiblement identiques. Ce sont les mêmes surfaces travaillées dans la plus haute valeur, où un simple contreplaqué teinté jouit de la même déférence qu'un marbre noble à d'autres endroits. Ce sont les glaces et les surfaces peintes brillantes, grâce auxquelles les espaces sont doublés, voire prolongés à l'infini. Les vitrages polis sur les arêtes desquels le monde se multiplie. Les objets décoratifs du maître d'ouvrage que Loos a mis en valeur en toute circonstance comme autant de souvenirs personnels dans l'aménagement d'une maison. (Il ne refusait obstinément que d'en inventer de nouveaux.) Et ce sont encore et toujours les ingrédients de l'architecture classique, les symétries brisées, les frises et les colonnes qui caractérisent surtout ses grands projets, dont seule la maison de la Michaelerplatz, à Vienne, a été concrétisée.

À partir de ce répertoire, Loos atteint par la « décomposition du plan dans l'espace » une complexité qui s'aiguise au fil des années. Bien entendu, la maison Scheu constitue déjà un volume compact dans lequel s'agencent divers microcosmes autonomes, mais tout est encore mis à ce stade sur la pénétration des niveaux entre les étages. Dans la maison Müller, en revanche, les espaces sont en quelque sorte hissés dans une spirale verticale, entremêlés dans un tourbillon et ancrés à différents niveaux. Un système complexe d'escaliers relie ces niveaux dans une mise en scène de l'habitat de la grande bourgeoisie, avec une partition précise de trajets de déplacements et de rapports d'observation. Autant la maison dégage une impression de neutralité à l'extérieur, autant elle est révélatrice de son époque et de la culture bourgeoise de ses occupants à l'intérieur. Le visiteur qui chercherait dans ces espaces une incitation directe à l'habitat actuel court le risque de terminer dans un bain de marbre à la manière de Loos. Loos a toujours construit pour le moment présent et payé le prix fort pour son incapacité à satisfaire aux désirs d'images familières et d'agrément. À chaque fois qu'il quittait le domaine du privé, il entrait en conflit avec l'opinion publique à telle enseigne que son existence d'architecte était menacée. Pourtant, « je ne crains rien pour moi », proclame-t-il en 1911 dans une conférence sur la maison de la Michaelerplatz dans laquelle il en découd avec ses détracteurs. « Je crains pour les artistes de la construction dans 100 ans. Qui assommeront-ils dans 100 ans avec la maison de la Michaelerplatz ? »[10] Il s'inscrivait dans l'esprit de Loos que le plaisir de la photographie d'un « aujourd'hui » radical qui date d'un siècle n'éveille pas la nostalgie, mais affûte la vision du présent.

---

[1] Adolf Loos, *Trotzdem,* Georg Prachner Verlag, Wien, 1982, S. 25.
[2] Adolf Loos, *Lob der Gegenwart,* in: Adolf Loos, *Die Potemkinsche Stadt,* Georg Prachner Verlag, Wien, 1982, S. 118.
[3] Adolf Loos, *Trotzdem,* S. 40.
[4] A. a. O., S. 130.
[5] A. a. O., S. 216.
[6] A. a. O., S. 46.
[7] B. Rukschcio, R. Schachel, *Adolf Loos,* Residenz Verlag, Salzburg und Wien, 1982, S. 217.
[8] Adolf Loos, *Trotzdem,* S. 215.
[9] A. a. O., S. 218.
[10] Adolf Loos, *Mein Haus am Michaelerplatz,* in: Parnass Sonderheft 2, *Aufbruch zur Jahrhundertwende, Der Künstlerkreis um Adolf Loos,* 1985, S. XV.

„Vor sechsundzwanzig jahren habe ich behauptet, daß mit der entwicklung der menschheit das ornament am gebrauchsgegenstande verschwinde, eine entwicklung, die unaufhörlich und konsequent fortschreitet und so natürlich ist wie der vokalschwund in den endsilben der umgangssprache. Ich habe aber damit niemals gemeint, was die puristen ad absurdum getrieben haben, dass das ornament systematisch und konsequent abzuschaffen sei. Nur da, wo es einmal zeitnotwendig verschwunden ist, kann man es nicht wieder anbringen. Wie der mensch niemals zur tätowierung seines gesichtes zurückkehren wird.

Der gebrauchsgegenstand lebt von der dauer seines materials und sein moderner wert ist eben die solidität. Wo ich den gebrauchsgegenstand ornamental missbrauche, kürze ich seine lebensdauer, weil er, als der mode unterworfen, früher sterben muß. Diesen mord am material kann nur die laune und ambition der frau verantworten – denn das ornament im dienste der frau wird ewig leben. Ein gebrauchsgegenstand wie stoff oder tapete, dessen dauerhaftigkeit beschränkt ist, bleibt modedienstbar, daher ornamentiert.

Auch der moderne luxus hat gediegenheit und kostbarkeit der verziertheit vorgezogen. So dass das ornament wohl ästhetisch kaum mehr zu werten ist. Das ornament der frau aber entspricht im grunde dem der wilden, es hat erotische bedeutung.

Was bleibt da vom ehrlichen, lebensberechtigten ornamente unserer zeit als schulaufgabe übrig?

Unsere erziehung beruht auf der klassischen bildung. Ein architekt ist ein maurer, der latein gelernt hat. Die modernen architekten scheinen aber mehr esperantisten zu sein. Der zeichenunterricht hat vom klassischen ornament auszugehen."*)

"Twenty-six years ago I asserted that as mankind develops, ornamentation on functional objects disappears, a development which is inexorable and logical and which is as natural as the loss of vowels in the final syllables of speech in dialect. But certainly I never meant what the purists have extrapolated ad absurdum – that ornament is to be systematically and consistently eradicated. Only that there, where it has disappeared due to force of circumstances, can it never be replaced. Just as mankind will never return to facial tattoos.

The functional object lives from the durability of its material and its modern value is exactly this solidity. Where I misuse the functional object ornamentally, I reduce its life-span because it is now subject to fashion and must die prematurely. This murder of materials can only be ascribed to the moods and ambitions of women – since ornament in the service of women will live forever. A functional object such as material or wallpaper which has limited durability is useful to fashion and is thus ornamented.

Modern luxury also has a preference for solidity and value over decoration. Thus it is almost impossible to judge ornament aesthetically any more. Women's ornament, however, basically corresponds to that of the savage and has an erotic meaning.

So what remains as homework for honest, existentially justifiable ornament in our time?

Our up-bringing is based on a classical education. An architect is a mason who learned some Latin. The modern architect seems to be more a scholar of Esperanto. Classes in drawing should begin with classical ornament."*)

«Ventisei anni or sono avevo affermato che di pari passo con il progresso dell'umanità sarebbe scomparso l'ornamento dall'oggetto d'uso, un processo che si attua senza interruzione e con coerenza, e che è altrettanto naturale quanto la scomparsa delle vocali nelle sillabe finali della lingua parlata. Io però non ho mai sostenuto, come ad absurdum hanno fatto i puristi, che l'ornamento debba venir eliminato in modo sistematico e radicale. Però, dove le esigenze stesse del tempo lo hanno escluso, là non è più possibile reintrodurlo. Così come l'uomo non ricomincerà mai più a tatuarsi il volto.

L'oggetto d'uso vive quanto il materiale di cui è fatto e il suo pregio tipicamente moderno è appunto la solidità. Se io falsifico l'oggetto d'uso decorandolo, ne limito la durata, in quanto, sottostando alla moda, esso è condannato a morire prima. Di questo assassinio compiuto sul materiale sono responsabili unicamente la volubilità e l'ambizione della donna – perché l'ornamento al servizio della donna durerà in eterno. Oggetti d'uso come stoffe o tappezzerie, la cui durata è limitata, sono soggetti alla moda, e sono quindi ornati.

Anche il lusso moderno ha preferito la solidità e la preziosità alla decorazione. Per cui l'ornamento non è neppur più valido dal punto di vista estetico. L'ornamento nella donna corrisponde sostanzialmente a quello del selvaggio, ha un significato erotico.

Quanto rimane dunque di onesto e di giustificato nell'ornamento del nostro tempo che valga la pena di essere insegnato?

La nostra educazione poggia sulla cultura classica. L'architetto è un muratore che ha studiato il latino. Ma gli architetti moderni sembrano piuttosto degli esperantisti. L'insegnamento del disegno deve fondarsi sull'ornamento classico.»*)

« J'ai affirmé il y a vingt-six ans que les ornements disparaissent des objets fonctionnels au fil de l'évolution de l'humanité, une évolution qui progresse logiquement et inexorablement, aussi naturelle que l'élision de la voyelle d'une syllabe finale dans la langue familière. Je n'ai toutefois jamais prétendu, ainsi que les puristes l'ont extrapolé jusqu'à l'absurde, que tout ornement devait être éliminé systématiquement et logiquement. C'est seulement là où il a un jour disparu en raison des nécessités d'une époque qu'il ne peut être réintroduit. Tout comme l'homme ne retournera jamais au tatouage de son visage.

L'objet fonctionnel vit par la durée de son matériau et sa valeur moderne est également la solidité. Lorsque je détourne un objet fonctionnel à des fins ornementales, j'abrège son espérance de vie en ce que, soumis à la mode, il est voué à quitter plus tôt notre monde. Ce massacre des matériaux peut uniquement se justifier par l'humeur et l'ambition de la femme. Car l'ornement au service de la femme vivra éternellement. Un objet fonctionnel tel qu'un tissu ou un tapis, dont la durabilité est limitée, reste tributaire de la mode et, par conséquent, décoré.

Le luxe moderne privilégie également la solidité et la valeur à l'ornement. Si bien qu'il est pratiquement impossible de juger d'une décoration en termes esthétiques. L'ornement de la femme correspond toutefois essentiellement à celui du sauvage et a une connotation érotique.

Que reste-t-il parmi les travaux pratiques des ornements honorables, justifiés sur le plan existentiel, de notre époque ?

Notre éducation repose sur la formation classique. Un architecte est un maçon qui a appris le latin. Les architectes modernes s'apparentent toutefois davantage à des disciples de l'espéranto. Les leçons de dessin doivent commencer par l'ornement classique. »*)

---

*) Adolf Loos, „Ornament und Erziehung – Ornament and Edukation – Ornamento ed Educazione – Ornament et Edukation" (1924) in: Sämtliche Schriften, Bd. 1, Wien 1962, Herold Verlag, S. 395 f.

5 SCHNEIDERSALON ERNEST EBENSTEIN Wien 1, Kohlmarkt 5, 1987

Der Salon ist das erste realisierte Werk von Adolf Loos. Die Idee der verglasten Verkaufstische verwendet er später auch beim Schneider-Salon Knize. Parkettboden und die hölzerne Wandverkleidung sowie der unter der Decke verlaufende Stuckfries verleihen dem Raum einen noblen Eindruck. Die facettiert geschliffenen Gläser der Türen werden zum Markenzeichen späterer Arbeiten von Adolf Loos.

La sartoria è la prima opera realizzata da Adolf Loos. L'idea dei banchi di vendita a vetri viene in seguito ripresa anche nella sartoria Knize. Il pavimento in parquet e il rivestimento in legno delle pareti, così come il fregio di stucco che corre lungo le pareti sotto il soffitto, conferiscono all'ambiente un aspetto raffinato. I vetri sfaccettati delle porte diventeranno un elemento distintivo delle opere successive di Adolf Loos.

This shop is the first work implemented by Adolf Loos. He later used the idea of the glazed sales counters for the Knize tailor's shop. Parquet flooring, the wooden wall cladding, and the plaster frieze running below the ceiling, give a noble feel to the space. The bevelled glass of the doors became a trademark of later works by Adolf Loos.

Cette boutique est la première œuvre réalisée par Adolf Loos. Il utilisera à nouveau ultérieurement l'idée du comptoir vitré pour la boutique de tailleur Knize. Le sol en parquet et le revêtement mural en boiseries, ainsi que les parties de frise qui s'étendent sous le plafond, confèrent à la pièce une impression de noblesse. Les panneaux de verre taillés à facettes des portes deviendront la marque de fabrique des futurs travaux d'Adolf Loos.

„Wir haben unsere kultur, unsere formen, in denen sich unser leben abspielt, und die gebrauchsgegenstände, die uns dieses leben ermöglichen. Kein mensch, auch kein verein schuf uns unsere schränke, unsere zigarettendosen, unsere schmuckstücke. Die zeit schuf sie uns. Sie ändern sich von jahr zu jahr, von tag zu tag, von stunde zu stunde. Denn von stunde zu stunde ändern wir uns, unsere anschauungen, unsere gewohnheiten. Und dadurch ändert sich unsere kultur. (…) Aber ich gehe weiter. Ich sage es frei heraus, dass ich meine glatte, leicht gebogene, exakt gearbeitete zigarettendose schön finde, dass sie mir ein inniges ästhetisches vergnügen bereitet, während ich die von einer dem werkbunde angehörigen werkstätte (entwurf professor soundso) scheußlich finde. Und wer einen stock mit silbernem griff aus solcher manufaktur trägt, ist für mich kein gentleman. (…)
Gewiß, Hoffmann hat die laubsägearbeit seit dem café Museum aufgegeben und hat sich, was die konstruktion anlangt, meiner art genähert. Aber heute noch glaubt er mit merkwürdigen beizen mit aufpatronierten (mit einer Schablone gemalten, Anm.) und eingelegten ornamenten seine möbel verschönern zu können. Der moderne mensch jedoch hält ein untätowiertes antlitz für schöner als ein tätowiertes, und wenn die tätowierung von Michelangelo selber herrühren sollte. Und mit dem nachtkästchen hält er es ebenso."*)

"We have our culture, our forms, in which our life is played out, and the everyday objects which enable us to live this life. No man, nor any association of people, created for us our cupboards, our cigarette cases, our jewellery. Time created them for us. They change from year to year, from day to day, from hour to hour. For from hour to hour we change, our outlooks, our habits. And thus our culture also changes. (…) But I will go further. I can freely state that I find my smooth, slightly curved, precisely worked cigarette case beautiful, that it gives me an inner aesthetic pleasure, while I find one made by one of the union-bound workshops (professor soandso) hideous. And to me, anyone who carries a silver-tipped walking stick made by such a manufacturer is no gentleman. (…)
Of course, Hoffmann gave up the fretsaw work after the Café Museum and has moved closer to my way as far as construction is concerned. But nowadays he believes that he can beautify his furniture with strange stains, stencil painting and inlaid ornaments. However, modern people consider an un-tattooed countenance more beautiful that a tattooed one even if the tattoo was done by Michelangelo himself. And they think the same about their bedside tables."*)

«Noi abbiamo la nostra civiltà, le nostre forme nelle quali si rispecchia la nostra vita e abbiamo gli oggetti d'uso che ci consentono di vivere questa vita. Nessun uomo e nessuna associazione hanno creato i nostri mobili, i nostri portasigarette e i nostri gioielli. Li ha creati il tempo. Essi cambiano di anno in anno, di giorno in giorno, di ora in ora. Perché noi stessi cambiamo di ora in ora, modifichiamo il nostro modo di vedere, le nostre abitudini. E di conseguenza cambia anche la nostra civiltà. (…) Ma dirò di più. Francamente, io trovo bello il mio portasigarette liscio, lievemente ricurvo, lavorato con precisione, che mi procura un intimo piacere estetico, mentre trovo orribile quello realizzato da un laboratorio affiliato al Werkbund (progettato dal professor tal dei tali). E chi usa il bastone con impugnatura d'argento prodotto dallo stesso laboratorio per me non è un gentleman. (…)
Certo, Hoffmann, dopo il Café Museum, ha rinunciato al traforo e, per quanto concerne le costruzioni, si è avvicinato a quanto io stesso faccio. Ma ancor oggi egli crede di poter abbellire i suoi mobili con strani ceselli, con ornamenti dipinti a traforo e intarsiati. Tuttavia l'uomo moderno trova che un volto non tatuato è più bello di uno tatuato, anche se il tatuaggio fosse opera dello stesso Michelangelo. E lo stesso pensa del comodino.»*)

« Nous avons notre culture, nos formes dans lesquelles se joue la pièce de notre vie et les objets usuels qui nous rendent cette existence possible. Nul homme, nul groupement ne nous a créé nos armoires, nos boîtes à cigarettes, nos bijoux. C'est le temps qui les a créés pour nous. Ils se métamorphosent d'année en année, de jour en jour, d'heure en heure. Nous changeons en effet nous-mêmes d'heure en heure, nos perceptions et nos habitudes se transforment. Ainsi évolue notre culture. (…) Mais je continue. » J'affirme librement que je trouve belle ma boîte à cigarettes lisse, légèrement courbée, fabriquée avec précision, qu'elle me procure une satisfaction esthétique intérieure, tandis que je trouve affreuse celle d'un atelier appartenant à la confrérie professionnelle (professor soundso). Et quiconque utilise une canne à poignée d'argent d'une telle manufacture n'est pas un gentleman à mes yeux. (…)
Certes, Hoffmann a abandonné depuis le Café Museum le travail à la scie à découper et s'est rapproché de mon style en ce qui concerne la construction. Il continue toutefois aujourd'hui de penser qu'il peut embellir ses meubles par d'étranges teintures, des modèles tracés au pochoir et des insertions d'ornements. L'homme moderne considère toutefois un visage pur plus beau qu'un visage tatoué, le tatouage dût-il être l'œuvre de Michel-Ange en personne. Et il en va de même d'une table de chevet. »*)

„Im jahre 1898 wurde jedes holz rot, grün, blau oder violett gebeizt – der architekt hatte ja einen farbkasten zur verfügung – und erst, als ich in meinem café Museum in Wien zum ersten mal bei einer modernen arbeit mahagoniholz verwendete, kamen die wiener darauf, dass es nicht nur phantastische formen und farben, sondern auch verschiedenes material gibt.
Und auch verschiedene arbeit. Weil ich dies wusste und achtete, leben einfache möbel, die ich vor zwanzig jahren geschaffen habe, heute noch und sind im gebrauch (so ein speisezimmer in Buchs bei Aarau). Die phantasieerzeugnisse des secessions- und jugendstils jener zeit sind verschwunden und vergessen.
Material und arbeit haben das recht, nicht alle jahre durch neue modeströmungen entwertet zu werden."**)

"In the year 1898 all wood was dyed red, green, blue or violet – the architect had a paint box at his disposal – and it was not until I used mahogany for the first time in a modern work in my café Museum in Vienna that the viennese discovered that there are not only fantastic forms and colours but also different materials.
And different workmanship as well. Because I knew and respected that, the simple furniture I created twenty years ago is still alive and well today and still in use (such as a dining room in Buchs near Aarau). The fantasy products from the Secession and Jugendstil of the same period are gone and forgotten.
Material and work have a right not to be devalued each year by new currents in fashion."**)

---

*) Adolf Loos, „Kulturentartung – Cultural Degeneration – Degenerazione della civiltà – Abâtardissement culturel" (1908) in: ders., Sämtliche Schriften, Bd. 1, Herold-Verlag Wien 1962, S. 274 f.
**) Adolf Loos, „Hands off!" (1917) in: ders., Sämtliche Schriften, Bd. 1, Wien 1962, S. 347 f.

6 CAFÉ MUSEUM Wien 1, Ecke Operngasse und Friedrichstraße, 1899 (ursprünglicher Zustand)
Interieur: Mahagonimöbel und Bugholzsessel, grüne Velour-Tapeten. Beleuchtung: pilzförmige Glühlämpchen an Messingbändern von der Decke hängend, zusätzlich Gaslampen an den Wänden. Links der Billardsaal, rechts der Konversations- und Leseraum. In der Mitte die Sitzkassa

«Nel 1898 qualsiasi legno veniva dipinto di rosso, di verde, di azzurro o di violetto – l'architetto disponeva infatti di un'intera scatola di colori –, e soltanto quando io, per la prima volta, nel mio café Museum a Vienna, impiegai il mogano per un'opera moderna, i viennesi si accorsero che non esistono soltanto forme e colori fantastici, ma anche materiali diversi.
Ed anche diversi modi di lavorare. E siccome io questo lo sapevo e ne tenevo conto, i mobili semplici che io ho creato vent'anni or sono esistono ancora e sono tuttora in uso (come per esempio una sala da pranzo in legno di bosso ad Aarau). I fantasiosi prodotti della Secessione e dello Jugendstil creati a quel tempo sono scomparsi e dimenticati.
Il materiale e la lavorazione hanno il diritto di non venir svalutati ogni anno a causa delle nuove tendenze della moda.»*)

« En 1898, le moindre morceau de bois était teint en rouge, vert, bleu ou violet - les architectes disposaient de toute une palette de couleurs. Ce n'est pas avant que j'aie pour la première fois utilisé le bois d'acajou dans une œuvre moderne, dans mon café Museum à Vienne, que les viennois ont pris conscience qu'il n'existait pas seulement des formes et des couleurs fantastiques, mais aussi une diversité de matériaux.
Et dans le même ordre d'idées, une diversité de méthodes. C'est parce que je le savais et que je l'ai respecté que de simples meubles que j'ai créés il y a vingt ans ont survécu et continuent aujourd'hui de faire leur office (une salle à manger à Buchs, près d'Aarau, notamment). Les créations fantaisistes de la Sécession et du Jugendstil de l'époque ont disparu et sont oubliées.
Les matériaux et le travail ont le droit de ne pas être dépréciés chaque année par les nouveaux courants de la mode. »*)

*) Adolf Loos, „Hands off!" (1917) in: ders., Sämtliche Schriften, Bd. 1, Wien 1962, S. 347.

7 WOHNUNG GUSTAV UND MARIE TURNOVSKY Wien 4, Wohllebengasse 19 (heute Museum für Angewandte Kunst), um 1900, Sitzecke im Herrenzimmer

„Ich muß die baukünstler in schutz nehmen. Denn jede stadt hat jene architekten, die sie verdient. Angebot und nachfrage regulieren die bauformen. Der, der dem wunsch der bevölkerung am meisten entspricht, wird am meisten zu bauen haben. Und der tüchtigste wird vielleicht, ohne je einen auftrag erhalten zu haben, aus dem leben scheiden. Die anderen aber machen schule. (…) Der häuserspekulant würde am liebsten die fassade glatt von oben bis unten putzen lassen. Das kostet am wenigsten. Und dabei würde er auch am wahrsten, am richtigsten, am künstlerischsten handeln. Aber die leute würden das haus nicht beziehen wollen. Der vermietbarkeit wegen ist der bauherr gezwungen, diese, und gerade nur diese fassade anzunageln."*)

"I must come to the architects' defense. Because every town has the architects it deserves. Supply and demand determine the designs. The architect, who matches the request of the people the closest, will have the most to construct. And the most efficient may depart from life without ever having received any assignments. But the others find adherents. (…) The building speculator would like best to plaster the facade smooth from top to bottom. That is the cheapest. And thereby he would also act most truthfully, most rightfully, and most artistically. But people wouldn't want to move into the house. Because of the rentability the constructor is forced to transfix this and just this facade."*)

*) Adolf Loos, „Die Potemkinische Stadt – The potemkenian City" (1898), in: ders., Sämtliche Schriften, Bd. 1, Wien 1962, S. 154 f.

8 VILLA KARMA Clarens bei Montreux, Schweiz, 1903/06. Hauptsächliche Planung von Adolf Loos. Kurzfristige Arbeit von Max Fabiani, letztlich von Hugo Ehrlich fertiggestellt

«E allora dovrò difendere gli architetti. Perché ogni città ha gli architetti che si merita. La domanda e l'offerta determinano le forme edilizie. Chi risponde meglio alle aspirazioni della gente avrà la possibilità di costruire di più. Mentre il migliore dovrà forse lasciare questo mondo senza aver ricevuto una sola commissione. Gli altri invece fanno scuola. (…) Lo speculatore preferirebbe che le facciate delle case fossero lisce da cima a fondo. Costa molto meno. E così facendo egli agirebbe anche nel modo più autentico, più giusto, più artistico. Ma la gente non vorrebbe abitarci. E per aumentare le probabilità di affittarle il proprietario è costretto ad attaccare su questa facciata, sì, proprio su questa, dei nuovi elementi per ricoprirla.»*)

« Je dois prendre sous mon aile les artistes de la construction. Car chaque ville a les architectes qu'elle mérite. Les formes dans la construction sont régies par la loi de l'offre et de la demande. Celui qui correspond le mieux aux désirs de la population aura la plupart du temps un travail. À l'inverse, le plus talentueux terminera peut-être sa vie sans avoir jamais reçu une commande. Ce sont toutefois les autres qui font école. (…) Le spéculateur immobilier préférerait faire nettoyer la façade de haut en bas. Cela coûterait moins cher. Il adopterait en outre l'attitude la plus authentique, la plus juste, la plus artistique. Mais personne n'aurait envie d'habiter la maison. Dans un souci de location, le propriétaire est dans l'obligation d'agrafer cette façade, et précisément celle-là. »*)

*) Adolf Loos, „La città Potemkin – La ville Potemkin" (1898), in: ders., Sämtliche Schriften, Bd. 1, Wien 1962, S. 154 f.

9 Wohnung Adolf Loos, Lina und Adolf Loos am ersten Kaminfeuer in ihrer noch nicht vollständig eingerichteten Wohnung, 1903

10 WOHNUNG ADOLF LOOS Wien 1, Giselastraße 3 (heute Wien Museum), 1903

Es folgen für Adolf Loos Bauaufträge und das Einrichten von Wohnungen und Geschäften in der Schweiz, in Frankreich und der Tschechoslowakei. Eine lebhafte Reisetätigkeit war die Folge. Loos fuhr gerne nachts mit dem Zug, um sich das Quartier zu ersparen. Am Zielort stieg er jedoch im besten Hotel ab – um das billigste Zimmer zu nehmen. Immer kehrte er gerne in seine erste selbst eingerichtete Wohnung zurück. Zentraler Blickpunkt war – wie in seinen später eingerichteten Wohnungen – der offene Kamin. Links ein Bild von Elise Altman Loos (Oskar Kokoschka). Das Bild zur Rechten stellt ein Loos-Projekt für ein Warenhaus in Alexandrien dar.

Adolf Loos undertook commissions for the construction and interior design of residential and business premises in Switzerland, France and Czechoslovakia, resulting in extensive and frequent travel. Loos liked to travel by train overnight, to save the need for accommodation. Having reached his destination he would find the best hotel – but take the cheapest room. He always liked to return to his first flat for which he designed the interior himself. The central focus – as in his later interior designs – was the open fireplace. To the left is a portrait of Elsie Altman Loos (Oskar Kokoschka). The picture on the right shows a Loos project for a department store in Alexandria.

Adolf Loos riceve incarichi per la costruzione e l'arredamento di appartamenti e negozi in Svizzera, Francia e Cecoslovacchia. Ne deriva tutto un succedersi di viaggi. Loos preferisce viaggiare di notte in treno, per evitare di dover pernottare nei vari luoghi di destinazione dove, tuttavia, prende alloggio nel migliore albergo e chiede la camera più economica. Torna sempre volentieri nel suo primo appartamento personalmente arredato. L'elemento centrale, come nelle abitazioni successivamente arredate, è il camino aperto. A sinistra un ritratto di Elsie Altman Loos (Oskar Kokoschka). Il quadro a destra rappresenta un progetto di Loos per un grande magazzino ad Alessandria d'Egitto.

Adolf Loos enchaînait les missions de construction et l'aménagement d'habitations et de commerces en Suisse, en France et en Tchécoslovaquie. Ses voyages étaient donc fréquents. Loos aimait prendre le train de nuit de manière à s'épargner le logement. Arrivé à destination, il descendait toutefois dans le meilleur hôtel, pour demander ensuite la chambre la moins chère. Il éprouvait un plaisir constant à retourner dans la première habitation qu'il avait aménagée. La cheminée ouverte y était déjà au centre des regards, comme dans les habitations qu'il a conçues plus tard. À gauche figure une photo d'Elsie Altman Loos (Oskar Kokoschka). L'illustration de droite représente un projet de Loos pour un entrepôt à Alexandrie.

11 Wohnung Adolf Loos, Kaminnische und Sitzecke

12 Wohnung Adolf Loos, Blick in den Annex des Wohnzimmers

13 Wohnung Adolf Loos, Sitzecke beim Kamin

14 Wohnung Adolf Loos, Wohnzimmer

15 Wohnung Adolf Loos, integrierte Ecksitzbank und Esstisch

16 SCHMUCKFEDERNGESCHÄFT SIGMUND STEINER II Wien 1, Kärntner Straße 33, 1906/07 (nicht erhalten)

„Der Papua tätowiert seine haut, sein boot, sein ruder, kurz alles, was ihm erreichbar ist. Er ist kein verbrecher. Der moderne mensch, der sich tätowiert, ist ein verbrecher oder ein degenerierter. Es gibt gefängnisse, in denen achtzig prozent der häftlinge tätowierungen aufweisen. Die tätowierten, die nicht in haft sind, sind latente verbrecher oder degenerierte aristokraten. Wenn ein tätowierter in freiheit stirbt, so ist er eben einige jahre, bevor er einen mord verübt hat, gestorben.

Der drang, sein gesicht und alles, was einem erreichbar ist, zu ornamentieren, ist der uranfang der bildenden kunst. Es ist das lallen der malerei. Alle kunst ist erotisch. (…)

Aber der mensch unserer zeit, der aus innerem drange die wände mit erotischen symbolen beschmiert, ist ein verbrecher oder ein degenerierter. Es ist selbstverständlich, dass dieser drang menschen mit solchen degenerationserscheinungen in den anstandsorten am heftigsten überfällt. Man kann die kultur eines landes an dem grade messen, in dem die abortwände beschmiert sind. Beim kinde ist es eine natürliche erscheinung: seine erste kunstäußerung ist das bekritzeln der wände mit erotischen symbolen. Was aber beim papua und beim kinde natürlich ist, ist beim modernen menschen eine degenerationserscheinung. Ich habe folgende erkenntnis gefunden und der welt geschenkt: *evolution der kultur ist gleichbedeutend mit dem entfernen des ornamentes aus dem gebrauchsgegenstande.* Ich glaubte damit neue freude in die welt zu bringen, sie hat es mir nicht gedankt. (…)

Nun gut. Die ornament-seuche ist staatlich anerkannt und wird mit staatsgeldern subventioniert. Ich aber erblicke darin einen rückschritt. Ich lasse den einwand nicht gelten, dass das ornament die lebensfreude eines kultivierten menschen erhöht, lasse den einwand nicht gelten, der sich in die worte kleidet: ‚wenn aber das ornament schön ist …!' Mir und mit mir allen kultivierten menschen erhöht das ornament die lebensfreude nicht. Wenn ich ein stück pfefferkuchen essen will, so wähle ich mir eines, das ganz glatt ist und nicht ein stück, das ein herz oder ein wickelkind oder einen reiter darstellt, der über und über mit ornamenten bedeckt ist. Der mann aus dem fünfzehnten jahrhundert wird mich nicht verstehen. Aber alle modernen menschen werden es. Der vertreter des ornamentes glaubt, dass mein drang nach einfachheit einer kasteiung gleichkommt. Nein, verehrter herr professor aus der kunstgewerbeschule, ich kasteie mich nicht! Mir schmeckt es so besser. Die schaugerichte vergangener jahrhunderte, die alle ornamente aufweisen, um die pfauen, fasane und hummern schmackhafter erscheinen zu lassen, erzeugen bei mir den gegenteiligen effekt. Mit grauen gehe ich durch eine kochkunstausstellung, wenn ich daran denke, ich sollte diese ausgestopften tierleichen essen. Ich esse roastbeaf.

Der ungeheure schaden und die verwüstungen, die die neuerweckung des ornamentes in der ästhetischen entwicklung anrichtet, könnten leicht verschmerzt werden, denn niemand, auch keine staatsgewalt, kann die evolution der menschheit aufhalten! Man kann sie nur verzögern. Wir können warten. Aber es ist ein verbrechen an der volkswirtschaft, dass dadurch menschliche arbeit, geld und material zugrunde gerichtet werden. Diesen schaden kann die zeit nicht ausgleichen. (…)

Die nachzügler verlangsamen die kulturelle entwicklung der völker und der menschheit, denn das ornament wird nicht nur von verbrechern erzeugt, es begeht ein verbrechen dadurch, dass es den menschen schwer an der gesundheit, am nationalvermögen und also in seiner kulturellen entwicklung schädigt. (…)

Ornamentierte teller sind sehr teuer, während das weiße geschirr, aus dem es dem modernen menschen schmeckt, billig ist. Der eine macht ersparnisse, der andere schulden. So ist es mit ganzen nationen. (…)

Ornament ist vergeudete arbeitskraft und dadurch vergeudete gesundheit. So war es immer. Heute bedeutet es aber auch vergeudetes material und beides bedeutet vergeudetes kapital. (…)

Die balltoilette der frau, nur für eine nacht bestimmt, wird ihre form rascher wechseln als ein schreibtisch. Wehe aber, wenn man den schreibtisch so rasch wechseln muß wie eine balltoilette, weil einem die alte form unerträglich geworden ist, dann hat man das für den schreibtisch verwendete geld verloren.

Das ist dem ornamentiker wohl bekannt und die österreichischen ornamentiker suchen diesem mangel die besten seiten abzugewinnen. Sie sagen: ‚Ein konsument, der eine einrichtung hat, die ihm schon nach zehn jahren unerträglich wird, und der daher gezwungen ist, sich alle zehn jahre einrichten zu lassen, ist uns lieber als einer, der sich einen gegenstand erst dann kauft, wenn der alte aufgebraucht ist. Die industrie verlangt das. Millionen werden durch den raschen wechsel beschäftigt.' Es scheint dies das geheimnis der österreichischen nationalökonomie zu sein; wie oft hört man beim ausbruch eines brandes die worte: ‚Gott sei dank, jetzt haben die leute wieder etwas zu tun.' Da weiß ich ein gutes mittel! Man zünde eine stadt an, man zünde das reich an und alles schwimmt in geld und wohlstand. Man verfertige möbel, mit denen man nach drei jahren einheizen kann, beschläge, die man nach vier jahren einschmelzen muß, weil man selbst im versteigerungsamt nicht den zehnten teil des arbeits- und materialpreises erzielen kann, und wir werden reicher und reicher."

Adolf Loos, „Ornament und Verbrechen" (1908) in: ders., Sämtliche Schriften, Bd. 1, Wien 1962, S. 277 f.

17 KÄRNTNER BAR Wien 1, Kärntner Durchgang, 1908

Vier Pfeiler aus Skyrosmarmor bilden das Portal. Darüber ein Schildprisma in Bruchglas, das die amerikanische Flagge darstellt. Der nur 6 x 4,50 m große Innenraum wirkt durch die millimetergenaue Setzung der Wandspiegel, die den gelbbraunen Marmor der kassettierten Marmordecke wiedergeben, scheinbar vergrößert. Alle Beleuchtungskörper sind verhängt. Die Tische, mit von unten beleuchteten Milchglasplatten versehen, lassen die Gläser schwerelos erscheinen. Die Bar war anfangs nur Männern vorbehalten, musste aber nach Protesten auch dem weiblichen Geschlecht zugänglich gemacht werden.

Four columns of Skyros marble form the portal. Above this is a decorative glass panel depicting the American flag. The interior, just 6 x 4.50 m in dimension, appears much larger due to the precise positioning of the wall mirrors, which reflect the yellow-brown marble of the coffered ceiling. All the lamps are covered. The tables, with milky glass lit from below, make the glasses appear weightless. The bar was originally reserved for men only, but under protest is now also accessible to the female sex.

"The Papuan tattoos his skin, his boat, his rudder, everything he can lay his hands on. He is not a criminal. The modern person who tattoos themselves is a criminal or a degenerate. There are prisons in which eighty per cent of the prisoners have tattoos. Those who are tattooed and not in prison are latent criminals or degenerate aristocrats. When a tattooed person dies in freedom then he has just died a few years before he could commit a murder.

The compulsion to decorate the face and everything within reach is the origin of visual art. It is the babble of painting. All art is erotic. (…)

But a person in our time who smears the walls with erotic symbols, driven by an inner compulsion, is a criminal or a degenerate. It is obvious that this compulsion befalls people with these symptoms of degeneracy all the stronger in decent places. One can measure the culture of a country according to the degree to which the walls of the lavatories are scrawled on. It is a natural phenomenon with children – their first artistic expression is scrawling erotic symbols on the wall. However, something natural to a papuan or a child is a symptom of degeneration in a modern person. I made the following discovery and gave it to the world: *cultural evolution is synonymous with the removal of ornament from functional objects.* With that, I thought I would give new pleasure to the world, but I haven't been thanked for it. (…)

Fine. The ornament plague is state-recognised and supported with funds from the state. But I see that as a step backwards. I cannot accept the objection that ornament enriches the quality of life for a cultivated person; cannot accept the objection which clothes itself in the words, 'but if the ornament is beautiful…!' For me, and all cultivated people along with me, ornament does not enrich the quality of life. If I want to eat a piece of gingerbread, then I choose a piece that is quite smooth and not one that depicts a heart, or a baby or a rider who is covered all over with ornament. A man from the fifteenth century would not understand me. But all modern people will. The proponents of ornament believe that my drive for simplicity is equivalent to self-chastisement. No, dear professor from the school of arts and crafts, I do not chastise myself at all. It tastes better to me like that. The decorated meals of previous centuries which all exhibited decoration so as to make peacock, pheasant and lobster look more tasty, produce exactly the opposite effect in me. I go through an exhibition of the art of cooking with horror when I think that I am supposed to eat these stuffed animal carcasses. I eat roast beef.

The monstrous damage and devastation the reawakening of ornamentalism inflicted on aesthetic development could easily be dealt with because no-one and no organ of state authority can halt the evolution of mankind. It can only be held up. We can wait. But it is a crime against the economy because it means work, money and material are wasted. Time cannot compensate for this damage. (…)

Laggards slow down the cultural development of whole peoples and humanity as well because ornament is not only produced by criminals, it commits the crime itself by effecting severe damage on the people's health and on national wealth, thus damaging their cultural development. (…)

Ornamented plates are very expensive whereas white kitchenware, from which the modern person prefers to eat, is cheap. One makes savings, the other, debts. This is the same with entire nations. (…)

Ornament is wasted labour and thus wasted health. It was always like that. Nowadays it means also wasted material and both together mean wasted capital. (…)

A lady's dress and ball make up which is only intended to last one night will change its form faster than the form of a writing desk. But woe betide you when the writing desk has to change as fast as make-up because the old form has become intolerable. In that case the money used for the writing desk is lost.

This is well known to the ornamentalist and the Austrian ornamentalists try to do the best with this deficiency. They say, 'We prefer a consumer whose furnishings which become intolerable to him after ten years and who is thus forced to redecorate every ten years, to one who buys an article only when the old one is worn out. Industry demands that. Millions are employed because of that rapid change.' This seems to be the secret of the Austrian national economy. How often does one hear the words, 'thank God, now the people have got something to do again,' when a fire has broken out. I know a good solution for that. You just set a city on fire, set the whole empire on fire and everyone will be swimming in money and prosperity. You make furniture which can be used as firewood in three years; fittings, that after four years have to be re-smelted because even when the things are auctioned off they don't even bring a tenth of the costs of the labour and material. And then we'll get richer and richer."

Adolf Loos, "Ornament and Crime" (1908) in: ders., Sämtliche Schriften, Bd. 1, Wien 1962, S. 277 f.

18 Kärntner Bar, Portal

Il portone è formato da quattro pilastri in marmo di Skyros. Sopra di essi poggia un'insegna a forma di prisma realizzata in frammenti di vetro, raffigurante la bandiera americana. Lo spazio interno di soli 6 x 4,50 m risulta apparentemente ingrandito grazie alla precisa collocazione degli specchi sulle pareti, che riflettono il colore giallo marrone del marmo del soffitto a cassettoni. Tutte le lampade sono sospese. I tavoli, fatti di lastre di vetro opalino illuminate dal basso, fanno apparire i bicchieri senza peso. All'inizio il bar era riservato a una clientela esclusivamente maschile, ma in seguito a numerose proteste è stato aperto anche alle donne.

Quatre colonnes de marbre de Skyros forment le portail. Par-dessus, un prisme de morceaux de verre représentant le drapeau américain fait office d'enseigne. L'espace intérieur, d'une dimension de 6 x 4,50 m seulement, semble agrandi par la disposition calculée à la précision du millimètre des miroirs muraux qui reflètent les nuances brun-jaune du plafond de marbre enchâssé. L'ensemble des éléments d'éclairage est suspendu. Les tables, pourvues de plateaux de verre opalin éclairés par le dessous, font paraître les verres aériens. Le bar était initialement réservé aux hommes, mais a dû être rendu accessible à la gent féminine à la suite de réclamations.

«Il Papua copre di tatuaggi la propria pelle, la propria sua barca, il proprio suo remo, in breve ogni cosa che trovi a portata di mano. Non è un delinquente. Ma l'uomo moderno che si tatua è un delinquente o un degenerato. Vi sono prigioni dove l'ottanta per cento dei detenuti è tatuato. Gli individui tatuati che non sono in prigione sono delinquenti latenti o aristocratici degenerati. Se avviene che un uomo tatuato muoia in libertà, significa semplicemente che è morto qualche anno prima di aver potuto compiere il proprio delitto.
L'impulso a decorare il proprio volto e tutto quanto sia a portata di mano è la prima origine dell'arte figurativa. È il balbettio della pittura. Ogni arte è erotica. (…)
Ma l'uomo del nostro tempo, che per un suo intimo impulso imbratta i muri con simboli erotici, è un delinquente o un degenerato. È naturale che questo impulso assalga con maggior violenza l'uomo che presenta tali manifestazioni degenerate quand'egli si trova al gabinetto. Si può misurare la civiltà di un popolo dal grado in cui sono sconciate le pareti delle latrine. Nel bambino è una manifestazione naturale: scarabocchiare le pareti con simboli erotici è la sua prima espressione artistica. Ma ciò che è naturale nel papua e nel bambino è una manifestazione degenerata nell'uomo moderno. Io ho scoperto e donato al mondo la seguente nozione: *l'evoluzione della civiltà è sinonimo dell'eliminazione dell'ornamento dall'oggetto d'uso.* Credevo di portare con questo nuova gioia nel mondo, ma esso non me ne è stato grato. (…)
Ebbene, l'epidemia decorativa è ammessa dallo Stato e viene anzi sovvenzionata con denaro statale. Ma per conto mio io vedo in ciò un regresso. Per me non ha valore l'obiezione secondo cui l'ornamento può aumentare la gioia di vivere in un uomo colto, per me non ha valore l'obiezione che si ammanta nella frase: ‹però, se l'ornamento è bello …!› In me e in tutti gli uomini civili l'ornamento non suscita affatto una più grande gioia di vivere. Se io voglio mangiarmi un pezzo di pan pepato me ne sceglierò uno che sia tutto liscio e non uno di quelli in forma di cuore o di bambino in fasce o di cavaliere, completamente ricoperti di ornamenti. L'uomo del quindicesimo secolo non mi comprenderà. Ma tutti gli uomini moderni mi comprenderanno benissimo. Il difensore dell'ornamento crede che il mio slancio verso la semplicità equivalga ad una mortificazione. No, illustrissimo professore della Scuola di Arti Applicate, io non mi mortifico affatto! È che a me piace di più così. Le composizioni culinarie dei secoli passati, che esibivano tutti gli ornamenti possibili per far apparire più appetitosi i pavoni, i fagiani e le aragoste, provocano in me l'effetto opposto. È con orrore che io mi aggiro in una mostra gastronomica, se mi passa per la mente l'idea di dover mangiare quelle carogne imbalsamate. Io mangio il *roast-beef*.

I danni immensi e la desolazione che il risveglio dell'ornamento produce nello sviluppo estetico potrebbero anche venir sopportati, dato che nessuno, neppure l'autorità statale, può arrestare l'evoluzione dell'umanità. Si può solo ritardarla. E noi possiamo attendere. Ma è un delitto contro l'economia del paese, perché con ciò si distruggono lavoro umano, denaro e materiali. E a questi danni il tempo non potrà portare rimedio. (…)
Questi ritardatari rallentano il progresso culturale dei popoli e dell'umanità, poiché l'ornamento non soltanto è opera di delinquenti, ma è esso stesso un delitto, in quanto reca un grave danno al benessere dell'uomo, al patrimonio nazionale e quindi al suo sviluppo culturale. (…)
I piatti molto ornati sono anche molto costosi, mentre le stoviglie bianche, che usa l'uomo moderno, sono economiche. L'uno risparmia, l'altro fa debiti. Questo vale per intere nazioni. (…)
L'ornamento è forza di lavoro sprecata e perciò è spreco di salute. E così è stato sempre. Ma oggi esso significa anche spreco di materiale, e le due cose insieme significano spreco di capitale. (…)
Il vestito da ballo della donna, destinato a vivere solo una notte, muterà più presto di forma che non una scrivania. Ma guai se si dovrà cambiare scrivania altrettanto presto quanto il vestito da ballo, perché la sua forma è diventata insopportabile! In tal caso il denaro speso per quella scrivania sarebbe denaro perduto.
I decoratori ben lo sanno e i decoratori austriaci si studiano di prendere questa magagna per il suo lato migliore. Essi dicono: ‹Un consumatore che possiede un arredamento che già dopo dieci anni gli riesce insopportabile, e che perciò è costretto ogni dieci anni a cambiarlo, ci piace di più che non quell'altro che si compra un oggetto solo quando quello vecchio è usato fino in fondo. È l'industria che lo vuole. Sono milioni che entrano in movimento attraverso questi rapidi cambiamenti.› Sembra che sia questo il segreto dell'economia nazionale austriaca; e quanto è frequente sentir dire, quando scoppia un incendio: ‹Dio sia lodato, adesso la gente avrà di nuovo qualcosa da fare›. Ma allora io conosco un ottimo rimedio: si dia fuoco ad una città intera, si dia fuoco a tutto l'Impero e tutto e tutti nuoteranno nel denaro e nel benessere. Si facciano dei mobili che dopo tre anni si possono buttare nella stufa, si facciano ferramenta che dopo quattro anni si devono far fondere, perché neppure in un'asta se ne può cavare la decima parte del costo di lavoro e di materiale, ed ecco che diverremo sempre più ricchi.»

Adolf Loos, «Ornamento e delitto» (1908) in: ders., Sämtliche Schriften, Bd. 1, Wien 1962. S. 277f.

19 Kärntner Bar, Interieur

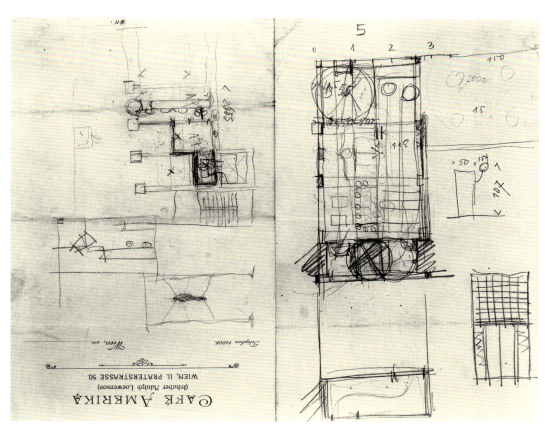

20 Kärntner Bar, Skizzen zum zweiten Vorprojekt auf einem Rechnungszettel des Café Amerika, Bleistift.
Links: Gesamtgrundriss, rechts: Grundriss mit Wendeltreppe und Drehtür (nicht ausgeführt),
darunter: Windfang mit versetzten Türen, daneben: Skizze des Portals

« Le Papou tatoue sa peau, sa pirogue, ses rames, bref, tout ce qui est à sa portée. Ce n'est pas un criminel. L'homme moderne qui se tatoue est un criminel ou un dégénéré. Il existe des prisons dans lesquelles quatre-vingt pour-cent des détenus ont des tatouages. Les tatoués qui ne sont pas emprisonnés sont des criminels latents ou des aristocrates dégénérés. Lorsqu'un tatoué meurt en liberté, il meurt à peine quelques années avant d'avoir commis un meurtre.

La pulsion d'orner son visage et tout ce qui est à portée de la main représente la genèse de l'art décoratif. Elle équivaut aux balbutiements de la peinture. Tout art est érotique. (…)

Mais l'homme de notre époque qui barbouille les murs de symboles érotiques sous l'emprise d'une pulsion intérieure est un criminel ou un dégénéré. De toute évidence, cette pulsion frappe le plus fortement par ses manifestations de dégénérescence les membres des milieux les plus convenables. La culture d'une région peut se mesurer par le degré auquel les murs des cabinets sont barbouillés. Il s'agit d'un phénomène naturel chez l'enfant : sa première expression artistique consiste à griffonner des symboles érotiques sur les murs. Ce qui est naturel chez le papou et chez l'enfant constitue toutefois chez l'homme moderne un symptôme de dégénérescence. J'ai abouti à la conclusion suivante et je l'ai suggérée au monde entier : *L'évolution de la culture est synonyme de l'élimination de l'ornement sur les objets fonctionnels.* Je pensais faire régner ainsi une joie nouvelle dans le monde mais il ne m'en a pas rendu grâce. (…)

Tant pis. L'épidémie de l'ornement est reconnue officiellement et soutenue par les deniers publics. J'y vois toutefois une régression. Je ne peux admettre l'allégation selon laquelle l'ornement rehausse la joie de vivre d'un homme cultivé, je ne peux admettre l'allégation qui se déguise dans ces termes : ‹ Mais quand l'ornement est beau …! › Pour moi, et à mes côtés, l'ensemble des hommes cultivés, l'ornement ne rehausse pas la joie de vivre. Lorsque j'ai envie de manger un morceau de pain d'épices, j'en choisis un morceau relativement lisse, et non un morceau qui représente un cœur, un nourrisson ou un cavalier, qui est recouvert d'ornements à outrance. L'homme du quinzième siècle ne pourrait me comprendre. Mais tous les hommes modernes le peuvent. Les partisans de l'ornement pensent que ma quête de simplicité s'assimile à une mortification. Non, très cher professeur de l'école d'art décoratif, je ne me mortifie pas ! Cela me plaît davantage de cette manière. Les mets de parade des siècles passés, qui foisonnaient d'ornements destinés à faire paraître plus savoureux les paons, les faisans et les homards, produisent chez moi l'effet opposé. Je parcours avec horreur une telle exposition d'art culinaire lorsque je pense que je dois manger ces cadavres d'animaux farcis. Je mange du rosbif.

L'on peut sans peine se consoler des dégâts effroyables et des ravages qu'engendre la résurgence de l'ornement dans le développement esthétique car personne, pas même une autorité publique, ne peut arrêter l'évolution de l'humanité. On peut seulement la ralentir. Nous pouvons bien attendre. Mais c'est un crime contre l'économie lorsqu'un travail, de l'argent et des matériaux sont anéantis. Ce dégât ne peut être réparé par le temps. (…)

Les attardés freinent l'évolution culturelle des peuples et de l'humanité car l'ornement est non seulement l'acte de criminels, mais commet lui-même un crime en ce qu'il porte gravement préjudice à la santé individuelle, à la richesse nationale et à l'évolution culturelle. (…)

Une assiette décorée est extrêmement coûteuse, alors que la vaisselle blanche dans laquelle l'homme moderne aime manger est bon marché. L'un engrange une économie, l'autre se couvre de dettes. Il en va ainsi de nations tout entières. (…)

L'ornement est un gaspillage de travail et, par conséquent, un gaspillage de santé. Il en a toujours été ainsi. À l'heure actuelle, il implique toutefois simultanément un gaspillage de matériau et le cumul des deux implique un gaspillage de capital. (…)

La toilette de bal d'une dame, destinée à une seule nuit, change de forme plus rapidement qu'un bureau. Quelle pitié s'il fallait remplacer un bureau aussi rapidement qu'une toilette de bal parce que sa forme ancienne est soudainement devenue insupportable ! L'argent consacré au bureau serait alors perdu.

Les artistes ornementaux en sont bien conscients et les artistes ornementaux autrichiens s'efforcent de tirer le meilleur parti de ce défaut en disant : ‹ Un client qui possède un ameublement qui lui devient déjà insupportable après dix ans et qui est donc contraint de faire renouveler son ameublement tous les dix ans nous est plus profitable qu'une personne qui achète uniquement un nouvel objet lorsque l'ancien est usé. L'industrie le demande. Plusieurs millions de personnes sont employées du fait du remplacement rapide. › Là semble résider le secret de l'économie nationale autrichienne. Combien de fois n'entend-on pas lors d'un incendie : ‹ Dieu merci, les gens auront à nouveau quelque chose à faire. › Je connais une solution efficace ! On boute le feu à une ville, on boute le feu à l'empire et tout baigne dans l'argent et la prospérité. On fabrique des meubles avec lesquels on peut se chauffer après trois ans, des garnitures qu'on doit fondre après quatre ans parce qu'on ne peut récupérer même aux enchères le dixième du prix du travail et des matériaux, et on devient de plus en plus riche. »

Adolf Loos, « Ornement et crime » (1908) in: ders., Sämtliche Schriften, Bd. 1, Wien 1962, S. 277 f.

21 Kärntner Bar, Interieur. Porträt von Peter Altenberg, gemalt von Gustav Jagesbacher (Replik)

22 Kärntner Bar, Skizzen des Schriftzuges, des Portals und der Decke. Bleistift auf Transparentpapier

„Ein winziges herrliches Lokal, *American Bar* im ‚Kärntnerdurchgang'. Außen schwarz-weiß-rosige Marmorblöcke. Innen graugrüner Marmor und rotbraunes Korallenholz. Der Plafond aus weißgrauen Marmorplatten, kassettiert. Die Wand oberhalb der Tür ganz aus durchscheinenden gelbbraunen, wunderbar gezeichneten Onyxplatten, die milde erleuchtet werden durch elektrisches Licht. Das Ganze unerhört reich und dabei gar nicht überladen, sondern einfach wirkend wie die kostbaren Schätze der Natur selbst! Alles ist meisterhaft gefügt, das Geringste edel ausgesonnen wie die in eine Korallenholzwand eingelassene Uhr und das große Bild. Durch wunderbar geschickt verwendete Spiegel erscheint der Raum dreifach so groß als er ist. Der Architekt ist Adolf Loos. In das Lokal haben nur Herren Zutritt. Eine Amerikanerin sagte zu mir: ‚Ein solches Verbot für Damen wäre in Amerika unmöglich. Es ginge so wie so keine Dame hinein!' Bei dieser Gelegenheit möchte ich einen meiner kleinen Kulturherzenswünsche anbringen: in Amerika gibt es in sämtlichen Sitzlokalen hohe schmale Fußschemel, in den Restaurants, Cafés, bei Friseur und Raseur etc. Der hohe Fußschemel wird die unentrinnbare Sache für die bequeme Lage des modernen kultivierten Menschen werden müssen. Es ist unhygienisch und unästhetisch, die Füße tief unten auf dem Fußboden zu haben, der Oberkörper büßt dadurch einen großen Teil seiner Elastizität ein. Wie herrlich kann sich eine junge edelgegliederte Frau biegen, bücken, strecken, drehen, wenden, wenn die Beine auf hohem schmalen Schemel aufruhen! Der hohe Schemel ist ein Bedürfnis für den *Wohlorganisierten*. Man wird wohl bei uns damit anfangen müssen, dünnen leichte Klappschemel mit sich zu führen, bis die widerspenstigen und knauserigen Cafétiers, Restaurateure, Friseure *hohe* Schemel ihren werten Kunden zur Verfügung stellen. Der wohlausgebaute Leib erhält naturgemäß neue Bedürfnisse. Der edelgegliederte Hals zum Beispiel fordert offene Kleidung oder weite Halskrause. Der schöne Fuß will nicht mehr im engen Schuh eingesargt bleiben, er fordert die Sandale. So fordert der bewegliche ausgeturnte Oberkörper beim Sitzen den hohen Schemel, damit die Beine nicht schlapp herunterbaumeln! (…) Nun zurück zur American Bar des Adolf Loos. Sie ist prächtig originell und einfach zugleich. Der Adel des Materials, das die Natur spendet, beginnt sich bei uns, wenn auch langsam, durchzusetzen!"*)

"A marvellous gem of a hostelry, the *American Bar* in the 'Kärntnerdurchgang'. Black, white and pink marble blocks on the outside, grey-green marble and red-brown coralwood on the inside. The ceiling of grey-white marble tiles, coffered. The wall above the door made entirely of translucent yellow-brown, beautifully patterned onyx panels, gently illuminated by electric light. The whole outrageously rich and yet not excessive, the effect simple like the priceless treasures of Nature herself! Everything blends perfectly, the slightest details beautifully placed such as the clock set into the coralwood wall and the big picture. The ingenious use of mirrors makes the room look three times its actual size. The architect is Adolf Loos. Only men are admitted to the bar. An American woman said to me: 'Such a ban would be unthinkable in America. No women would go there anyway!' I would like to take this opportunity to add a small cultural plea from the heart: in all bars in America there are high, narrow stools with footrests, in the restaurants, cafés, hairdressers, barbers, etc. The high stool should become a ubiquitous item for the comfortable surroundings of modern cultivated people. It is unhygienic and unaesthetic to have the feet right down on the floor, with the upper body losing a good deal of its elasticity. How excellent it is for a young, beautifully supple woman to be able to bend, lean, stretch, turn, move, when her legs are supported on a high, narrow footrest! The high stool with footrest is an essential for the *well-organised* person. Here, we will have to start carrying narrow, light fold-away stools with us, until our recalcitrant, miserly café

*) Peter Altenberg, Eine neue „Bar" in Wien, „Wiener Allgemeine Zeitung", 22. Februar 1909. Aus: Konfrontationen, Georg Prachner Verlag, Wien 1988, S. 35

23 Kärntner Bar. Die Decke mit den Spiegelungen des kassettierten Marmors

24 Kärntner Bar. Tisch der Bar, am Marmorboden verschraubt

owners, restaurateurs and hairdressers provide *high* stools for their valued customers. Of course, the shapely body has its own needs. A noble neck for instance requires open clothing or more generous collars. The beautiful foot will no longer be trapped in restricting shoes, it demands sandals. Thus the upper body trained for movement demands a narrow stool with footrest to sit on, so that the legs do not just flop down! (…) Now, back to the American Bar by Adolf Loos. It is magnificently original and yet simple. The quality of the materials offered by nature is beginning to penetrate here, albeit slowly!"*)

*) Peter Altenberg, Eine neue „Bar" in Wien, „Wiener Allgemeine Zeitung", 22. Februar 1909. Aus: Konfrontationen, Georg Prachner Verlag, Wien 1988, S. 35

25 Entwurfskizze für ein Glasservice, um 1931. Bleistift auf Karton

«Un locale minuscolo e delizioso, l'*American Bar* nel ‹Kärntnerdurchgang›. All'esterno blocchi di marmo rosa venato di nero e bianco, all'interno marmo grigio-verde e padouk africano marrone rossiccio. Il soffitto a lastre di marmo bianco-grigio è rivestito a cassettoni. La parete al di sopra della porta è ricoperta con lastre translucide di onice giallo-marrone, mirabilmente lavorate e delicatamente illuminate con luce elettrica. L'insieme risulta incredibilmente ricco e al tempo stesso per nulla eccessivo, bensì semplice come i preziosi tesori della natura! Tutto è magistralmente collegato, persino il più piccolo particolare è studiato alla perfezione, come l'orologio inserito in una parete di padouk africano e il grande quadro. Grazie agli specchi abilmente posizionati, lo spazio appare tre volte più grande di quanto sia in realtà. L'architetto è Adolf Loos. L'ingresso al locale è riservato ai soli uomini. Una volta un'americana mi disse: ‹Un divieto di questo genere sarebbe inammissibile in America e comunque non ci entrerebbe nessuna signora!›. Ciò mi offre lo spunto per esprimere uno dei miei più vivi desideri culturali: in America tutti i locali con posti a sedere sono provvisti di sgabelli alti e stretti, che si tratti di ristoranti, caffè, parrucchieri e barbieri, ecc. Questi sgabelli dovranno diventare l'oggetto d'obbligo per la comodità dell'uomo moderno raffinato. Tenere i piedi appoggiati sul pavimento è infatti antigienico e antiestetico, in quanto priva il busto di gran parte della sua elasticità. Quanto più armoniosi sono invece i movimenti di una bella, giovane donna che si china, abbassa, protende, volta e gira, abbandonando le gambe su un alto e stretto sgabello! Questi sgabelli sono una vera e propria necessità per i *ben organizzati*. Qui da noi dovremo attrezzarci per portarci appresso dei leggeri sgabelli pieghevoli finché i caffettieri, i ristoratori e i parrucchieri ricalcitranti e taccagni non si decideranno a mettere a disposizione della loro pregiata clientela degli sgabelli *alti*. Natura vuole che il corpo ben sviluppato abbia esigenze nuove. Un collo affusolato richiede per esempio abiti aperti o ampi collari, così come un bel piede non tollera di essere rinchiuso in una calzatura stretta e preferisce invece un sandalo. Allo stesso modo il busto mobile e allenato esige un alto sgabello per la posizione seduta, di modo che le gambe non penzolino fiaccamente! (...) Ma torniamo all'American Bar di Adolf Loos. Esso è sontuosamente originale e semplice al tempo stesso. Ecco che anche da noi, sebbene lentamente, comincia ad affermarsi la nobiltà del materiale offerto dalla natura!»*)

« Un café minuscule et délicieux, l'*American Bar*, dans le ‹ Kärntnerdurchgang ›. À l'extérieur, des blocs de marbre aux tons noirs, blancs et roses. À l'intérieur, du marbre gris-vert et du bois de corail rougebrun. Un plafond à caissons en plaques de marbre gris-blanc. Le mur au-dessus de la porte est entièrement constitué de plaques d'onyx brunjaune translucides, magnifiquement dessinées, délicatement éclairées par un luminaire électrique. L'ensemble est d'une richesse à nulle autre pareille, sans le moindre soupçon de surcharge, mais produit un effet de simplicité identique aux précieux trésors de la nature elle-même ! Tout est assemblé de main de maître, le plus infime détail est ouvragé avec raffinement, tel l'horloge encastrée dans un mur de bois de corail et le grand tableau. La pièce paraît trois fois plus spacieuse qu'elle ne l'est en réalité grâce à un savant jeu de miroirs. L'architecte est Adolf Loos. Seuls les hommes ont accès à ce café. Une Américaine m'a confié : ‹ Cette interdiction serait impossible en Amérique. Aucune dame ne pénétrerait de toute façon dans cet endroit ! › Je souhaiterais exprimer à ce propos l'un de mes modestes désirs culturels : l'on trouve dans tous les cafés d'Amérique de hauts tabourets étroits, dans les restaurants, les tavernes, et même chez les coiffeurs et les barbiers. Ces tabourets hauts sont nécessairement appelés à devenir l'accessoire indispensable pour le confort de l'homme moderne cultivé. Il est contraire à l'hygiène et à l'esthétique de poser les pieds tout en bas sur le sol, car le haut du corps est ainsi privé d'une grande partie de sa souplesse. Avec quelle splendeur une jeune femme de noble constitution peut-elle à l'inverse se pencher, s'incliner, s'étendre, se tourner ou pivoter lorsque les jambes reposent sur un haut tabouret étroit ! Le tabouret haut est un impératif pour les personnes *bien organisées*. Il nous faudra bientôt commencer à emporter de légers tabourets pliants en attendant que les cafetiers, les restaurateurs et les coiffeurs pingres et récalcitrants mettent de *hauts* tabourets à la disposition de leur chère clientèle. Un corps bien bâti acquiert naturellement de nouveaux besoins. Un cou de noble constitution, par exemple, requiert une robe ouverte ou un large décolleté. Un beau pied ne peut rester confiné dans une chaussure étroite, il exige une sandale. De même, un buste aux talents de mobilité nécessite en position assise un tabouret haut afin que les jambes ne pendillent pas mollement dans le vide ! (...) Revenons-en à l'American Bar d'Adolf Loos. Il est d'une formidable originalité et simple en même temps. La noblesse des matériaux que nous offre la nature commence enfin, quoique lentement, à trouver sa place parmi nous ! »*)

*) Peter Altenberg, Eine neue „Bar" in Wien, „Wiener Allgemeine Zeitung", 22. Februar 1909. Aus: Konfrontationen, Georg Prachner Verlag, Wien 1988, S. 35

26 HAUS AM MICHAELERPLATZ Wien 1, Michaelerplatz 3, 1909/11.
Ehemaliges Geschäftshaus für Herrenmode „Goldman & Salatsch"

Dieses Haus – das Hauptwerk des Architekten – hat zwei Ordnungen. Die klassische untere Hälfte mit gewohnten Bauelementen und den oberen „gesichtslosen" Teil. Zum ersten Mal in der Stadt ein weißer Verputz mit „ausgeschnittenen" Fenstern. Die provozierende Fassade gegenüber der Hofburg rief einen Sturm der Entrüstung hervor. Kaiser Franz Josef I. fuhr indigniert nur mehr vom Ring in die Hofburg, um seine Ablehnung auszudrücken.

This house – the architect's masterpiece – has two elements. The classic lower half with familiar structural elements and the upper "faceless" part. For the first time in the city, a white-rendered façade with "cut-out" windows. The provocative façade facing onto the Hofburg incited a storm of outrage. In his indignation, Kaiser Franz Josef I would only ever drive to the Hofburg from the Ring, as an expression of his disapproval.

Questa casa, il capolavoro dell'architetto, è caratterizzata da due ordini: la metà inferiore classica con elementi costruttivi tradizionali e la parte superiore per così dire «amorfa». Per la prima volta in città si vede un intonaco bianco con finestre «ritagliate». La provocatoria facciata di fronte al Palazzo Imperiale suscitò a suo tempo un coro di rimostranze e l'imperatore Francesco Giuseppe I, indignato, decise di recarsi a palazzo passando prevalentemente solo dal Ring in modo da esprimere tutta la sua disapprovazione.

Cette maison, le chef-d'œuvre de l'architecte, appartient à deux catégories. La moitié inférieure classique, composée d'éléments de construction ordinaires, et la partie supérieure « sans visage ». Pour la première fois dans la ville, un crépi blanc avec des fenêtres « découpées ». La façade provocante face au Hofburg a suscité une tempête d'indignation. Exaspéré, l'empereur François-Joseph Ier n'alla plus que du Ring au Hofburg afin d'exprimer sa désapprobation.

27 Haus am Michaelerplatz, Fassade in der Herrengasse, am Michaelerplatz und am Kohlmarkt

„Ich weiß nicht, wie ich dem stadtbauamte für die reklame danken soll, die es mir mit dem verbot, an der fassade weiterzuarbeiten, gemacht hat. Ein lang behütetes geheimnis kam dadurch ans tageslicht: Ich baue ein haus.

Mein erstes haus! Ein haus überhaupt! Denn das hätte ich mir wohl nie träumen lassen, dass ich auf meine alten tage noch ein haus bauen werde. Nach all meinen erlebnissen war ich mir bewusst, dass wohl niemand so verrückt sein wird, sich ein haus bei mir zu bestellen. Und dass es unmöglich wäre, meine pläne bei irgend einer baupolizei durchzudrücken.

Denn ich hatte schon eine erfahrung hinter mir. Es war mir die ehrenvolle aufgabe zuteil geworden, in Montreux, am schönen ufer des genfersees, ein portierhäuschen zu errichten. Dort lagen viele steine am ufer und da die alten bewohner des seeufers alle ihre häuser aus diesen steinen erbaut hatten, so wollte ich es ebenso machen. Denn erstens ist das billig, was doch wieder auch im architektenhonorar zum ausdruck kommt – man erhält viel weniger –, und zweitens haben sich die leute weniger mit der zufuhr abzumühen. Ich bin grundsätzlich gegen das viele arbeiten, meine person nicht ausgeschlossen.

Sonst dachte ich an nichts böses. Wer beschreibt daher mein erstaunen, als ich zur polizei vorgeladen und gefragt wurde, wie ich ein fremdling, ein solches attentat auf die schönheit des genfersees verüben könne. Das haus sei viel zu einfach. Wo blieben die ornamente? Mein schüchterner einwand, dass der see selbst ja bei windstille glatt und überhaupt ohne ornamente sei und doch von manchen menschen für ganz passabel erklärt werde, richtete nichts aus. Ich erhielt eine bescheinigung, dass die errichtung eines solchen bauwerkes wegen seiner einfachheit und daher hässlichkeit verboten sei. Ich ging beglückt und selig nach hause. (...)

Ich hatte das bewusstsein, ein künstler zu sein, etwas, woran ich immer dunkel geglaubt hatte und was mir nun die polizei amtlich bestätigte. Und als guter staatsbürger glaube ich nur dem amtsstempel. Aber dieses bewusstsein war teuer erkauft. Irgend jemand, vielleicht ich selber, hatte es ausgeplaudert, und so kam es unter die leute und keiner wollte mehr mit einem so gefährlichen menschen, wie es doch ein künstler immer ist, etwas zu tun haben. Man glaube aber nicht, dass ich müßig ging. Wenn jemand tausend kronen hatte und eine wohnungseinrichtung brauchte, die nach fünftausend kronen aussah, so kam er zu mir. Ich hatte mich darin zum spezialisten ausgebildet. Die aber, die fünftausend kronen hatten und für diesen preis ein nachtkästchen haben wollten, das nach tausend kronen aussah, gingen zu einem anderen architekten. Da nun die erste menschenkategorie weit häufiger ist als die zweite, hatte ich vollauf zu tun. Man sieht, dass ich mich nicht beklagen kann."

Adolf Loos, „Mein erstes Haus" (1910) in: ders., Sämtliche Schriften, Bd. 1, Wien 1962, S. 293 f.

28 Haus am Michaelerplatz, Kollonade der vier Monolithen. Ungeteilter Cipollino-Marmor

"I don't know how to thank the Municipal Department of Building for the advertising it made for me with its prohibition on further work on the façade. A well-kept secret came to light because of it – I am building a house.

My first house! An actual house! I would never have dreamt that in my old age I would still build a house. After all my experiences I was aware that nobody would be crazy enough to commission a house from me. And that it would be impossible to get my plans through building inspectorate scrutiny anywhere.

I had one experience like that behind me. I was given the honour of erecting a little porters' lodge in Montreux on the beautiful banks of lake geneva. There were many stones lying on the shore there and because the older inhabitants of the lake shore had all built their houses out of those stones, I wanted to do the same. First of all it's cheap which is also reflected in the architect's fee – one gets a lot less – and secondly the people have less trouble transporting them. In principle I am against too much work for anyone, myself included.

Otherwise I didn't mean any harm. So you could imagine my surprise when I received a summons from the authorities and was asked how it came about that I, a foreigner, could intend to carry out such an attack on the beauty of lake geneva. The house was much too simple. Where was the ornamentation? My tentative objection that when there was no wind the lake itself was smooth and without any ornamentation

29 Haus am Michaelerplatz, Marmorverkleidung der beiden unteren Geschoße

whatsoever and it had nevertheless been declared by some as quite attractive, didn't change anything. I received written confirmation that building such an edifice was prohibited because of its simplicity and thus ugliness. I went happily and blissfully home. (…)
I was conscious of being an artist, something which I had always vaguely believed in and which the police had now officially confirmed. And, as a good citizen, I am a firm believer in official stamps. But this awareness cost me dearly. Somebody, perhaps I myself, let it out and so everyone knew and no-one wanted to have anything to do with such a dangerous person - as an artist always is. But don't think I live a life of idleness. If someone had a thousand crowns and needed his apartment furnished so that it looked like five thousand crowns worth, he came to me. I had trained myself to be a specialist for that. But those who had five thousand crowns and wanted a bedside table that looked like it was worth a thousand crowns, they went to another architect. Now, since the first category of person is much more numerous than the second, I had more than enough to do. So as you can see, I can't complain."

Adolf Loos, "My First House" (1910) in: ders., Sämtliche Schriften, Bd. 1, Wien 1962, S. 293 f.

30 Haus am Michaelerplatz, Bow-window. Scheibenteilung durch Messingprofile

«Non so come ringraziare l'ufficio comunale per l'edilizia, per la pubblicità che mi ha fatto vietandomi di portare avanti i lavori della facciata. È venuto così alla luce un segreto custodito da tempo: io costruisco una casa.

La mia prima casa! Proprio una casa! Perché non avrei davvero mai immaginato che negli ultimi anni della mia vita avrei ancora potuto costruire una casa. Dopo tutte le esperienze fatte ero ormai convinto che nessuno sarebbe stato così pazzo da affidarmi l'incarico di costruire una casa. E che sarebbe stato quindi impossibile presentare i miei progetti all'approvazione di un qualsiasi ufficio di polizia per l'edilizia.

Perché avevo già un'esperienza del genere alle mie spalle. Mi era stato affidato il lusinghiero incarico di costruire a Montreux, sulle belle rive del lago di ginevra, una casetta per guardiani. Sulle rive si trovavano molte pietre e poiché gli antichi abitanti del luogo avevano costruito tutte le loro case con queste pietre, lo volevo fare anch'io. Innanzitutto perché è più economico, fatto che ha la sua importanza anche in rapporto all'onorario dell'architetto (si guadagna molto meno), e poi perché il trasporto richiede minor fatica. Io sono contrario per principio al lavoro eccessivo, anche per quanto riguarda me personalmente.

Quanto al resto, non avevo pensato a null'altro di male. Chi potrebbe quindi descrivere il mio stupore quando fui invitato a presentarmi alla polizia e mi fu chiesto come io, uno straniero, osassi compiere un simile attentato contro la bellezza del lago di ginevra. L'edificio era troppo semplice. Dove erano andati a finire gli ornamenti? La mia timida obiezione che anche il lago, quando è calmo, è piatto e assolutamente privo di ornamenti, e tuttavia molte persone lo trovano davvero passabile, non giovò a nulla. Ottenni un attestato dove si vietava la costruzione di un edificio del genere a causa della sua semplicità e quindi della sua bruttezza. Me ne tornai a casa felice e contento. (…)

Avevo la consapevolezza di essere un artista, qualcosa a cui avevo sempre oscuramente creduto e che ora mi veniva ufficialmente confermato dalla polizia. E da buon cittadino credo soltanto al bollo ufficiale. Ma questa consapevolezza era costata cara. Qualcuno, io stesso forse, l'aveva raccontato in giro, e così ne furono informati tutti e nessuno volle più aver qualcosa a che fare con un uomo così pericoloso qual è pur sempre un artista. Non si pensi però che io me ne rimanessi con le mani in mano. Quando qualcuno aveva mille corone e desiderava arredare un appartamento che desse l'impressione di valerne cinquemila, allora si rivolgeva a me. Ero diventato uno specialista in questo campo. Ma chi possedeva cinquemila corone e desiderava per tale prezzo un comodino che desse l'impressione di valerne mille, si rivolgeva a un altro architetto. Siccome però la prima categoria di persone è assai più numerosa della seconda, avevo moltissimo da fare. Come si vede non mi posso lamentare.»

Adolf Loos, «La mia prima casa» (1910) in: ders., Sämtliche Schriften, Bd. 1, Wien 1962, S. 293 f.

31 Haus am Michaelerplatz, Portal nach innen geschwungen, Beleuchtung in den Abendstunden durch Deckenlampen

« J'ignore comment je peux remercier les services municipaux de la construction pour la publicité qu'ils m'ont faite par l'interdiction de poursuivre mes travaux sur une façade. Un secret longtemps gardé a ainsi éclaté au grand jour : je construis une maison.

Ma première maison ! Une véritable maison ! Je n'aurais jamais osé rêvé que je construirais une maison dans mes vieux jours. Après tous les événements que j'ai vécus, j'étais persuadé que personne ne serait assez fou pour me commander une maison. Et qu'il serait impossible de faire accepter mes projets à une quelconque inspection de la construction.

J'avais déjà connu une expérience par le passé. L'honneur m'avait été confié de bâtir une conciergerie à montreux, dans la somptueuse région des rives du lac léman. Les rives regorgeaient de pierres, et dès lors que les anciens habitants de la région avaient dans leur intégralité construit leurs maisons à l'aide de ces pierres, j'avais décidé d'en faire de même. D'une part, ce matériau est économique, ce qui se reflète dans les honoraires de l'architecte - nettement moins élevés, et d'autre part, les ouvriers se fatiguent moins à les transporter. Je suis opposé par principe à l'excès de travail, en ce compris pour moi-même.

Mes intentions n'étaient du reste pas mauvaises. Quel ne fut donc pas mon étonnement lorsque j'ai été convoqué à la police et que les agents m'ont demandé comment je pouvais, moi, un étranger, commettre un attentat aussi terrible contre la beauté du lac léman ! La maison était à leurs yeux beaucoup trop simple. Où étaient les ornements ? Ma timide argumentation, objectant que le lac lui-même, en l'absence de vent, était lisse et totalement dépourvu de fioritures et néanmoins jugé acceptable par d'aucuns, ne les a pas convaincus. J'ai reçu un document stipulant que la construction d'un tel ouvrage était interdite en raison de sa simplicité et, partant, de sa laideur. Je suis rentré chez moi heureux et béat. (…)

J'avais la conscience d'être un artiste, quelque chose que j'avais toujours pensé confusément et que la police m'avait désormais confirmé officiellement. En bon citoyen, je ne crois que dans les sceaux officiels. Mais j'ai acquis cette conscience au prix fort. Quelqu'un a ébruité la nouvelle, peut-être moi-même, elle s'est répandue comme une traînée de poudre, et tout le monde s'est refusé dès ce moment à entretenir une relation avec un individu aussi dangereux, puisqu'un artiste est toujours dangereux. Il ne faut toutefois pas croire que je suis tombé dans l'oisiveté. À chaque fois que quelqu'un avait mille couronnes et souhaitait un aménagement intérieur qui donnait l'apparence de cinq milles couronnes, il s'adressait à moi. J'étais devenu un spécialiste dans ce créneau. À l'inverse, quelqu'un qui avait cinq milles couronnes et souhaitait une table de chevet qui en paraisse mille faisait appel à un autre architecte. Étant donné que les membres de la première catégorie sont sensiblement plus nombreux, mes journées étaient bien remplies. Comme on peut le constater, je ne peux pas me plaindre. »

Adolf Loos, « Ma première maison » (1910) in: ders., Sämtliche Schriften, Bd. 1, Wien 1962, S. 293 f.

32 Haus am Michaelerplatz, Bow-windows und Deckenlampen

33 Haus am Michaelerplatz, Eingangsbereich und Bow-windows

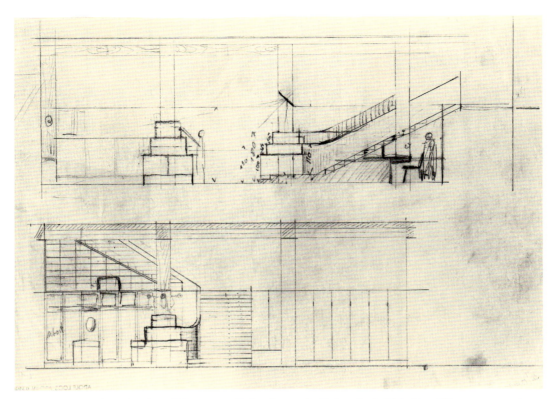

34 Haus am Michaelerplatz, Skizzen zum Verkaufsraum im Erdgeschoß, Bleistift auf Transparentpapier

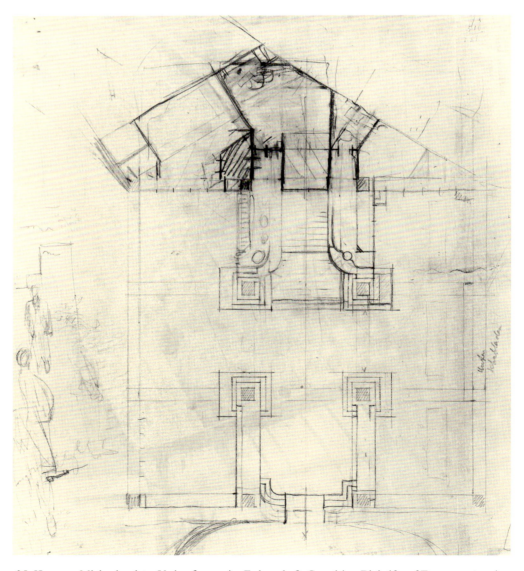

35 Haus am Michaelerplatz, Verkaufsraum im Erdgeschoß, Grundriss, Bleistift auf Transparentpapier

36 Haus am Michaelerplatz, Verkaufsraum im Erdgeschoß, Aufgang zum Herrenmodegeschäft im Mezzanin

37 Haus am Michaelerplatz, Skizzen der Stiege, Anläufe der Treppenwangen, verschiedene Details, Bleistift auf Papier

„In Wien verschandeln die architekten die stadt, ohne von der polizei dazu veranlasst zu werden. Aus freien stücken. Alle größe ist dadurch aus der stadt verschwunden. Wenn ich mich bei der oper aufstelle und zum schwarzenbergplatz hinunterblicke, so habe ich das intensive gefühl: Wien! Wien die millionenstadt, Wien die metropole eines großen reiches. Wenn ich aber die zinshäuser am stubenring betrachte, so habe ich nur ein gefühl: fünfstöckiges Mährisch-Ostrau. (…)

Die alte ringstraße ist kein architektonisches heldenstück. Steinformen erscheinen in zement gegossen und angenagelt. Doch diese fehler haben die neuen wiener häuser auch. Die häuser der siebziger jahre nahmen ihre formen aber von den palästen des italienischen adels ab. So wie es die baumeister des achtzehnten jahrhunderts getan hatten. Dadurch erhielten wir einen wiener stil, den stil der hauptstadt. Das haus auf dem michaelerplatz mag gut oder schlecht sein, aber eines müssen ihm auch seine gegner lassen: dass es nicht provinzmäßig ist. Daß es ein haus ist, das nur in einer millionenstadt stehen kann. Right or wrong, my country! Recht oder schlecht – meine stadt!

Unsere architekten haben allerdings keine sehnsucht nach dem wiener baustil. Sie sind auf die deutschen bauzeitungen abonniert, und das ergebnis eines solchen abonnements ist erschreckend. In der letzten zeit gibt es häuser in der inneren stadt, die frischweg aus Magdeburg oder Essen an der Ruhr nach Wien importiert sind. Wenn sich die magdeburger solche häuser gefallen lassen, ist das nicht unsere sache. Aber wir in Wien dürfen wohl dagegen protestieren. (…)

Gibt es veränderungen? O ja! Es sind dieselben veränderungen, die die neue kultur geschaffen haben. Kein mensch kann ein werk wiederholen. Jeder tag schafft den menschen neu und der neue mensch ist nicht imstande, das zu arbeiten, was der alte schuf. Er glaubt dasselbe zu arbeiten und es wird etwas neues. Etwas unmerklich neues, aber nach einem jahrhundert merkt man den unterschied doch.

Gibt es keine bewussten veränderungen?

Auch die gibt es. Meine schüler wissen: eine veränderung gegenüber dem althergekommenen ist nur dann erlaubt, wenn die veränderung eine verbesserung bedeutet. Und da reißen die neuen erfindungen große löcher in die tradition, in die traditionelle bauweise. Die neuen erfindungen, das elektrische licht, das holzzementdach, gehören nicht einem bestimmten landstrich, sie gehören dem ganzen erdball. (…)

Erst in diesem sommer wurde der bau eines familienhauses in Hietzing von der kommission laut protokoll mit folgenden worten

38 Haus am Michaelerplatz, Treppe in das Obergeschoß. Linker Arm des Stiegenaufganges, Vertäfelung mit Mahagoni, Handlauf aus Glanzmessing

39 Haus am Michaelerplatz, Plakat für den Vortrag „Mein Haus am Michaelerplatz", Akademischer Verband für Literatur und Musik, Farblithographie, 1911

zurückgewiesen: ‚Die fassade lässt malerische Ausgestaltung vermissen, wie dies in dieser gegend durch anbringung von dächern, türmchen, giebeln und erkern zu geschehen pflegt. Wegen dieser mängel wird die baubewilligung nicht erteilt.'

An höheren stellen denkt man allerdings darüber anders, und die architekten können sich bei der verschandelung der Wiener vorstädte nicht auf die baubehörde berufen.

Ich nenne die neue sucht, im stile von Berlin-Grunewald oder München-Dachau zu arbeiten, münchnerei – wienerisch ist anders. Wir haben so viel italienische luft über die alpen herübergeweht bekommen, dass wir wie unsere väter in einem stile bauen sollten, der gegen die außenwelt abschließt. Das haus sei nach außen verschwiegen, im inneren offenbare es seinen ganzen reichtum. Das tun nicht nur die italienischen häuser (bis auf die venezianischen), sondern auch die deutschen. Nur die französischen, die unseren architekten immer vorschweben, können sich im aufzeigen ihres grundrisses nicht genug tun.

Das dach sei in Österreich flach. Die alpenbewohner haben des windes und des schnees wegen die flachste dachneigung: es ist daher selbstverständlich, dass ihnen unsere heimatkünstler die steilsten dächer hinbauen, solche, die nach jedem schneefall eine gefahr für die bewohner bilden. Das flache dach steigert die schönheit unserer bergwelt, das steile dach verkümmert sie. Ein merkwürdiges beispiel, wie die innere wahrheit auch das ästhetisch richtige zeitigt.

Es wäre noch etwas bezüglich des materials zu sagen. Es wurde mir von sehr autorisierter seite der vorwurf gemacht, dass ich, obwohl ich die heimatliche seite des hauses am michaelerplatz so sehr hervorhebe, marmor aus Griechenland herbeigeholt habe. Nun, die wiener küche ist wienerisch, obwohl sie gewürze aus dem fernen Orient verwendet, und ein wiener haus kann auch echt und wahr, also wienerisch sein, wenn das kupferdach aus Amerika ist. (...)

Das material darf ich überall herholen, die technik jederzeit gegen eine bessere vertauschen."

Adolf Loos, „Heimatkunst" (1914) in: ders., Sämtliche Schriften, Bd. l, Wien 1962, S. 340 f.

40 Haus am Michaelerplatz, Treppe in das Obergeschoß, raumerweiternde Spiegelwand, Belichtung durch das Glasdach

41 Bodenstanduhr, Messing und geschliffenes Glas, 1897/98

"In Vienna the architects are ruining the city without being forced by the police to do so. From their own free will. And because of that all greatness has disappeared from the city. If I stand at the opera and look towards schwarzenbergplatz then I have an intensive feeling – Vienna. Vienna, city of millions, Vienna, the metropolis of a great empire. But if I look at the tenements around stubenring then I get a feeling of five-storey Mährisch-Ostrau. (…)

The old Ring is not a heroic work of architecture. Stone forms seem to be cast in cement and pinned together. But the new Viennese houses have these mistakes as well. The houses from the 1870s got their form from the palatial properties of the Italian aristocracy. Just as the master builders of the 18th century had done. In this way we got a viennese style, a style for a capital. The house on michaelerplatz may be good or bad but there is one thing its detractors have to admit – it isn't provincial. It is a house that could only stand in a city of millions. Right wrong, my country! My city for better or for worse!

Our architects do not, however, have a yearning for the viennese style of building. They have subscriptions to german architectural magazines, and the consequences of those subscriptions are alarming.

Recently there are houses in the centre of the city freshly imported into Vienna from Magdeburg or Essen on the Ruhr. If the people of Magdeburg are prepared to tolerate houses like that it is none of our concern. But we here in Vienna may certainly protest against them. (…)

Have there been changes? Oh, yes. They are the same changes that the new culture has created. No-one can repeat a piece of work. Every day creates new people and a new person is not in the position of being able to do what the old one did. He thinks he is working in the same way, but it becomes something new. Something imperceptibly new, but after a century you do, in fact, notice it.

Is there no such thing as conscious change?

This exists as well. My students know that a change of what is handed-down is only allowed when the alteration is an improvement. There, new invention does tear huge holes in tradition, in the traditional methods of building. The new inventions, electric light, the wooden sectional roof do not belong to a particular region, they belong to the whole globe. (…)

It was just this summer that the plans to build a house in Hietzing were rejected by the commission because, as it says in the transcript, 'The facade shows no evidence of decorative articulation as is customary in this area and which is normally achieved by using roofs, small towers, gables and bay windows. Due to this defect, a building permit cannot be issued.'

Those in higher places think differently, however, and the architects cannot blame the building authorities for ruining the Viennese suburbs.

I call this new addiction in work style as in Grunewald in Berlin or Dachau in Munich, 'muniching.' In Vienna it's a little different. We have had so much italian air wafting over the alps that we should be building in a style closed off from the external environment just as our fathers did. The house should be outwardly silent, revealing its wealth only to the interior. This is not only what the italian houses do (with the exception of the venetians) but also the germans. Only the french houses, which are always in the mind's eye of our architects, reveal a great deal of their ground plan.

Roofs in Austria are flat. The inhabitants of the Alps have the flattest roof angle because of the wind and snow; so it is obvious why our homeland artists build the steepest roofs, the kind which are a danger to every inhabitant after every fall of snow. The flat roof increases the beauty of our mountainous regions, the steep roof stunts it. A peculiar example of how an inner truth also really produces aesthetics.

There is something else to be said with regard to the material. I have been accused by eminent persons that although I emphasise the home-grown nature of the house on michaelerplatz, I still had the marble brought from Greece. Well, viennese cooking is viennese despite the fact that the spices come from the far east and a viennese house can be authentic and truthful, that is, viennese if the copper roofing is from America. (…) I can have the material brought from everywhere, exchange technical details for better ones at any time."

Adolf Loos, "Homeland Art" (1914) in: ders., Sämtliche Schriften, Bd. l, Wien 1962, S. 340 f.

42 Haus am Michaelerplatz, Blick zur Kassa und der Spiegelwand

43 Haus am Michaelerplatz, Entwurf zur Kassa; Bleistift auf Transparentpapier

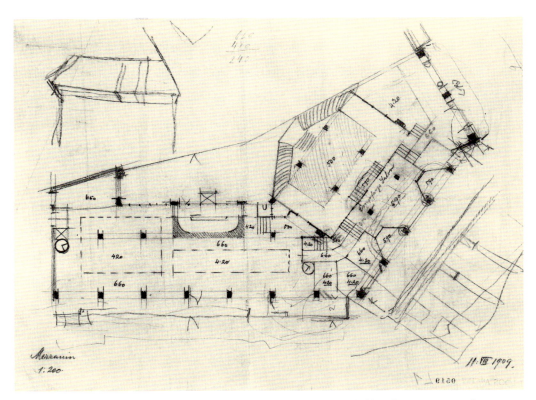

44 Haus am Michaelerplatz, Grundriss Mezzanin, Ansicht; Bleistift auf Transparentpapier

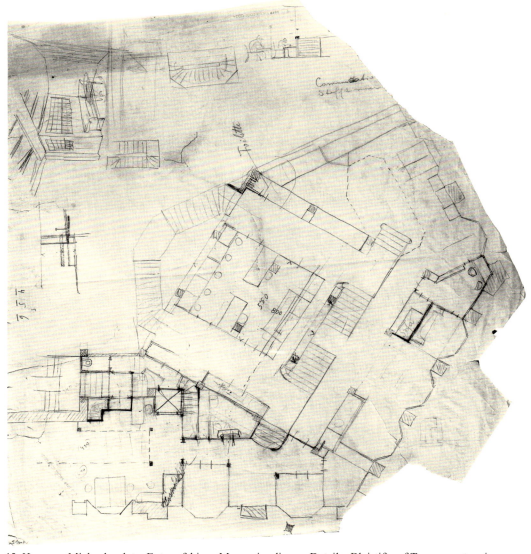

45 Haus am Michaelerplatz, Entwurfskizze Mezzanin, diverse Details; Bleistift auf Transparentpapier

46 Haus am Michaelerplatz, Buchhaltung und Kassa im Mezzanin, Pfeiler und Deckenunterzüge mit Mahagoni verkleidet

«A Vienna gli architetti sconciano la città senza che sia la polizia a costringerveli. Di propria iniziativa. Qualsiasi impronta di grandezza è perciò scomparsa dalla città. Se mi metto accanto all'Opera e lascio correre lo sguardo fino alla schwarzenbergplatz provo un'emozione intensa: Vienna! Vienna, la città di milioni di abitanti, Vienna, la metropoli di un grande Impero. Se però osservo le case d'affitto sullo stubenring penso a una cosa sola: una Mährisch-Ostrau a cinque piani. (...)

Il vecchio ring non è certo un prodigio architettonico. Vi compaiono forme che sono tipiche delle costruzioni in pietra realizzate invece in cemento e quindi attaccate sopra. Ma a vienna anche gli edifici più recenti presentano questo genere di errori. Gli edifici degli anni settanta avevano preso come modelli i palazzi nobiliari italiani. Come avevano fatto già gli architetti del diciottesimo secolo. È per questo che ora abbiamo uno stile viennese, lo stile della capitale. Il mio edificio della michaelerplatz può essere bello o brutto, ma una caratteristica devono riconoscergliela anche i suoi avversari: non è provinciale. È un edificio che può stare soltanto in una città di milioni di abitanti. Right or wrong, my country! Bene o male, la mia città!

Ma i nostri architetti non aspirano minimamente a uno stile architettonico viennese. Sono abbonati alle riviste di architettura tedesche, e il risultato di questi abbonamenti è catastrofico.

Di recente sono sorti nel centro della città edifici che sono stati importati a Vienna pari pari da Magdeburg o da Essen nella Ruhr. Il fatto che i magdeburghesi tollerino edifici di questo tipo non è affar nostro. Ma noi, a Vienna, abbiamo il diritto di rifiutarli.

Si sono verificati dei mutamenti? Oh, sì! Sono gli stessi mutamenti che hanno creato la nuova civiltà. Nessuno può ripetere un'opera. Ogni nuovo giorno crea un uomo nuovo e l'uomo nuovo non è in grado di rifare ciò che è stato creato da chi lo ha preceduto. Egli crede di ripetere la stessa opera, ma il risultato è qualcosa di nuovo. Qualcosa di impercettibilmente nuovo, ma a un secolo di distanza la differenza si vede.

E allora non vi sono mutamenti intenzionali?

Vi sono anche questi. I miei allievi lo sanno: un mutamento rispetto a quanto ci è stato tramandato è consentito soltanto quando rappresenta un miglioramento. E a questo proposito le nuove invenzioni aprono grosse brecce nella tradizione, nell'architettura tradizionale. Le scoperte recenti, la luce elettrica, il tetto in holzzement non appartengono a una determinata regione, appartengono al mondo intero. (...)

Solo quest'estate è stato negato, a norma di regolamento, il permesso di costruzione a un edificio unifamiliare a Hietzing, con la seguente motivazione: ‹La facciata non presenta elementi pittoreschi, così come si usa in questa regione, con l'aggiunta di tetti, torrette, timpani e sporgenze varie. A causa di questa deficienza non viene concessa la licenza di costruzione.›

Ma nelle più alte sfere si ragiona in modo diverso e gli architetti non possono fare appello alle commissioni edilizie per quanto riguarda le deturpazioni che i sobborghi viennesi stanno subendo. Io chiamo ‹monacheria› la nuova mania di costruire in stile Berlino-Grünewald o Monaco-Dachau – viennese è qualcos'altro. Noi che abbiamo respirato tanta aria italiana che ha passato le Alpi, dovremmo costruire le case come i nostri padri, in uno stile che le isola dal mondo esterno. Verso l'esterno l'edificio dovrebbe restare muto e rivelare tutta la sua ricchezza soltanto all'interno. Questo non avviene soltanto negli edifici italiani (esclusi quelli veneziani), ma anche in tutti gli edifici tedeschi. Soltanto quelli francesi, che i nostri architetti hanno sempre davanti agli occhi, non si accontentano di rivelarsi attraverso la loro pianta.

Il tetto in Austria dev'essere piatto. Gli abitanti delle alpi, a causa del vento e della neve, danno al tetto la minore pendenza possibile: è quindi ovvio che i nostri artisti nazionali costruiscano per loro dei tetti con le falde ripide il più possibile, tali cioè da rappresentare ad ogni nevicata un pericolo per tutti gli abitanti. La copertura piana aggiunge un elemento di bellezza al nostro paesaggio alpino, il tetto a falde lo mortifica. Ecco un chiaro esempio di come la più profonda verità produca anche la perfezione estetica.

Ci sarebbe da dire ancora qualcosa sui materiali. Da luogo molto autorevole mi è stato rimproverato che io, nonostante ponga tanto l'accento sull'aspetto nazionale dell'edificio della michaelerplatz, ho utilizzato del marmo proveniente dalla Grecia. Orbene, la cucina di vienna è viennese anche se vi si impiegano delle spezie che provengono dal lontano Oriente, e un edificio viennese può essere autentico e vero, e quindi viennese, anche se il tetto di rame proviene dall'America. (...) Il materiale posso andarmelo a cercare dove voglio, la tecnica può essere sempre sostituita con una migliore.»

Adolf Loos, «Arte nazionale» (1914) in: ders., Sämtliche Schriften, Bd. l, Wien 1962, S. 340 f.

47 Haus am Michaelerplatz, Mezzanin, Türen zur Buchhaltung und Kassa, kassettierte Wandverspiegelung

48 Haus am Michaelerplatz, Mezzanin, Blick zum Eingang der Schneiderei

« À Vienne, les architectes saccagent la ville sans y être contraints par la police. De leur plein gré. Toute grandeur s'est ainsi évaporée de la ville. Lorsque je suis à l'opéra et que je baisse le regard en direction de la schwarzenbergplatz, j'éprouve un sentiment intense : Vienne ! Vienne la magnifique, Vienne la métropole d'un formidable empire. Lorsque j'observe à l'inverse les maisons de location du stubenring, un seul sentiment me saisit : cinq étages de Morave-Ostrau. (…)
L'ancienne rue du ring n'est pas une prouesse d'architecture. Les formes de pierre semblent coulées dans le ciment et agrafées. Mais ces défauts grèvent également les nouvelles maisons viennoises. Les demeures des années 70 s'inspiraient dans leurs formes des palais de la noblesse italienne. Précisément comme les bâtisseurs du dix-huitième siècle les avaient imaginés. Nous avions obtenu à travers elles un style viennois, le style de la capitale. La maison de la michaelerplatz peut être belle ou laide, mais ses détracteurs doivent lui concéder une caractéristique : elle n'est pas provinciale. C'est une maison qui ne peut se dresser que dans une ville magnifique. Right or wrong, my country ! À tort ou à raison, ma ville !
Nos architectes n'ont toutefois pas la nostalgie du style architectural viennois. Ils sont abonnés aux journaux d'architecture allemands et le résultat de cette assiduité est épouvantable.
Dans le centre-ville, des maisons ont récemment été importées en droite ligne de Magdeburg ou d'Esseft, dans le bassin de la Ruhr, à destination de Vienne. Si les habitants de Magdeburg admettent ce type de maisons, ce n'est pas notre problème. Mais qu'il nous soit permis à Vienne de protester avec véhémence !
Existe-t-il des changements ? Certainement, ce sont ces mêmes changements qui ont donné naissance à la nouvelle culture. Nul ne peut reproduire un ouvrage exécuté. Chaque jour naît un nouvel homme et le nouvel homme n'est pas en mesure de réaliser ce que l'ancien a créé. Il pense réaliser la même chose et il en advient quelque chose de nouveau. Quelque chose d'imperceptiblement nouveau, mais un siècle plus tard, la différence saute aux yeux.
Existe-t-il des changements conscients ?
Il en est aussi. Mes étudiants le savent : un changement du patrimoine qui nous est légué est uniquement autorisé lorsqu'il apporte une amélioration. Les nouvelles inventions ouvrent alors d'immenses brèches dans la tradition, dans l'architecture traditionnelle. Les nouvelles inventions, telles que l'électricité ou la toiture en pâte de bois, n'appartiennent pas à une contrée spécifique, elles appartiennent à la terre entière. (…)

Cet été seulement, la commission a refusé la construction d'une maison à Hietzing en expliquant dans son rapport : ‹ La façade est dépourvue de conception picturale ainsi qu'elle est pratiquée dans la région par l'installation de toits, de tourelles, de frontons et de pièces en saillie. Eu égard à ces déficiences, l'autorisation de construction n'est pas accordée. ›
Dans les hautes sphères, le raisonnement est toutefois tout autre, et les architectes ne peuvent en appeler aux autorités en charge de la construction pour le saccage des faubourgs de Vienne. J'appelle ‹ munichoiserie › cette nouvelle obsession de construire dans le style de Grunewald à Berlin ou de Dachau à Munich, qui est sans rapport avec le style viennois. Tant d'air italien a été brassé dans nos contrées par-delà les alpes que nous devrions, à l'instar de nos ancêtres, construire dans un style fermé au monde extérieur. Une maison serait muette en direction de l'extérieur et livrerait à l'intérieur toute sa richesse. Cette propriété n'est pas l'apanage des seules maisons italiennes (hormis à venise), mais caractérise également les maisons allemandes. Seules les maisons françaises, que nos architectes mettent sans cesse sur un piédestal, ne se lassent jamais de dévoiler leur plan.
Le toit doit être plat en Autriche. Les habitants des Alpes possèdent la pente de toit la plus faible qui soit en raison du vent et de la neige. Il n'est donc que naturel que nos artistes régionaux construisent les toits les plus abrupts, qui mettent les habitants en danger à la moindre chute de neige. Le toit plat aiguise la splendeur de nos paysages montagneux et le toit pentu l'émousse. Un exemple remarquable illustrant que la vérité intérieure vient également à point à l'esthétique.
L'on pourrait ajouter quelques mots au sujet des matériaux. Il m'a été reproché par une source éminemment autorisée que, alors que je mets en exergue la dimension régionale de la maison de la michaelerplatz, j'ai fait venir du marbre de Grèce. Voyons, la cuisine de Vienne est viennoise bien qu'elle utilise des épices issues d'Extrême-Orient, et une maison de Vienne peut être authentique, ou en d'autres termes, viennoise, même si le toit de cuivre provient d'Amérique. (…)
Je prends la liberté d'aller chercher partout les matériaux, de substituer à toute technique une autre plus perfectionnée. »

Adolf Loos, « L'art régional » (1914) in: ders., Sämtliche Schriften, Bd. l, Wien 1962, S. 340 f.

49 Haus am Michaelerplatz, Anprobierkabinen in der Mezzaningalerie, Zugang zur Schneiderei

50 Haus am Michaelerplatz, Wartesalon im Mezzanin, Bild eines englischen Schneiders

51 Haus am Michaelerplatz, Schneiderei, Führung für die Stoffbahnen

„Der moderne mensch, der durch die straßen eilt, sieht nur das, was in seiner augenhöhe ist. Niemand hat heute die zeit, statuen auf dächern zu betrachten. Die modernität einer stadt zeigt sich im straßenpflaster.
Um beim hause auf dem michaelerplatz geschäftshaus und wohnhaus zu trennen, wurde die ausbildung der fassade differenziert. Mit den beiden hauptpfeilern und den schmäleren stützen wollte ich den rhythmus betonen, ohne den es keine architektur gibt. Die nichtübereinstimmung der achsen unterstützt die trennung. Um dem bauwerk die schwere monumentalität zu nehmen und um zu zeigen, dass ein schneider, wenn auch ein vornehmer, sein geschäft darin aufgeschlagen hat, gab ich den fenstern die form englischer bow-windows, die durch die kleine scheibenteilung die intime wirkung im innern verbürgen. Der praktische wert dieser scheibenteilung ist das gefühl der sicherheit, das sie gewähren. Man fürchtet nicht, aus dem ersten stock auf die straße zu stürzen.
Der journalist Raoul Auernheimer schrieb über das haus, es blicke finster und grämlich drein und zeige die glattrasierte visage, in der kein lächeln wohnt, und das sei vermutlich ein prinzip, weil auch das lächeln ein ornament sei. Ich finde die glattrasierte visage Beethovens, in der kein lächeln wohnt, schöner als alle lustigen spitzbärte der künstlerhausmitglieder. Ernst und feierlich sollen die wiener häuser dastehen, so wie sie immer ernst und feierlich ausgesehen haben. Genug der gschnasfeste, genug der scherze!
Früher traten die häuser, in deren mitte ein monumentalbau stand, im stile und in ihrer art bescheiden zurück. Es waren schmucklose bürgerhäuser. Eines sprach, die anderen schwiegen. Jetzt schreien alle diese protzigen bauten durcheinander und man hört keinen."*)

"The modern man who rushes through the streets only sees that which is at his eye level. No-one today has time to look at statues on the rooftops. The modernity of a city shows itself in the pavements. With the Michaelerplatz house, in order to separate the commercial side of the building from the dwelling, the design of the façade has been differentiated. With the two main columns and the narrower supports I wanted to emphasise the rhythm without which architecture does not exist. The disharmony of the axes underlines the division. In order to remove heavy monumentality from the structure and to show that a tailor, albeit a distinguished one, carries out his business there, I gave the windows the form of English bow windows, their small panes guaranteeing an intimate effect on the inside. The practical value of these panes is the feeling of security they provide. There is no fear of falling from the first floor onto the street.
The journalist Raoul Auernheimer wrote of the house that it looks dark and gloomy and has a clean-shaven face which is home to no smile, and that is probably a principle, because a smile, too, is ornamentation. I find the clean-shaven face of Beethoven, which is home to no smile, more beautiful than any joyful goatee beards of the art house members. The houses of Vienna should be serious and solemn, as they have always looked serious and solemn. Enough of light-hearted merrymaking, enough jesting!
Earlier, those houses which had a monumental building in their midst would withdraw modestly in their style and nature. They were plain bourgeois houses. One spoke, the others were silent. Now all these ostentatious buildings shout out at once and none can be heard."*)

*) Adolf Loos, "My house on Michaelerplatz" (1911), in: Die potemkinische Stadt – The potemkinian city, Georg Prachner Verlag, Wien 1983, S. 122.

52 Haus am Michaelerplatz, Eingang zu den Wohnungen in der Herrengasse, Carraramarmor mit eingelegten Cipollinostreifen

53 Haus am Michaelerplatz, Stiegenaufgang zu den Wohnungen

54 Haus am Michaelerplatz, Laterne im Stiegenhaus, Wand und Säule mit Skyrosmarmor verkleidet

55 Haus am Michaelerplatz, Wandverkleidung mit Carraramarmor, Stiegengeländer in Messing, Handlauf aus Eiche gefertigt

«L'uomo moderno che si affretta per le vie vede soltanto ciò che si trova all'altezza del suo sguardo. Oggigiorno nessuno ha più il tempo di rimirare le statue sui tetti. La modernità di una città si manifesta nel selciato delle sue strade.

Al fine di distinguere tra la parte ad uso commerciale e la parte abitativa della casa sulla Michaelerplatz, ho proceduto a una differenziazione nella facciata. Con i due pilastri principali e le colonne più sottili ho voluto sottolineare quel ritmo senza il quale non vi può essere alcuna architettura. La mancata corrispondenza degli assi sottolinea questa divisione. Per privare l'edificio della sua pesante monumentalità e mostrare che un sarto, per quanto esclusivo, vi ha aperto il proprio esercizio, ho dato alle finestre la forma dei bow-window inglesi, che grazie ai fitti tasselli di vetro preservano tutta l'intimità degli interni. Il valore pratico di questi tasselli è il senso di sicurezza che trasmettono, in quanto non si teme di cadere sulla strada dal primo piano.

Il giornalista Raoul Auernheimer ha scritto, a proposito della casa, che ha un aspetto sinistro e stizzoso e che mostra una faccia ben rasata che non conosce sorriso, e questo presumibilmente è voluto, poiché anche il sorriso è un ornamento. Io trovo che la faccia ben rasata e senza sorriso di Beethoven sia più bella di tutti gli allegri pizzetti dei membri della Casa degli Artisti. Le case viennesi devono continuare ad essere serie e solenni come sono sempre state. Ne abbiamo abbastanza di feste e di scherzi!

Prima le case che attorniavano un edificio monumentale passavano umilmente in secondo piano per il loro stile e il loro genere. Erano case private prive di ornamenti. Uno solo parlava e tutti gli altri tacevano. Ora invece queste boriose costruzioni strillano tutte assieme e non si riesce a sentirne nessuna.»*)

*) Adolf Loos, «La mia casa sulla Michaelerplatz» (1911), in: La città di Potemkin, Georg Prachner Verlag, Wien 1983, S. 122.

56 Haus am Michaelerplatz, Hof des Hauses mit dem Liftschacht.
Glasierte weiße Fliesen spiegeln Tageslicht auf die gegenüberliegende Seite der Fassade

« L'homme moderne qui marche hâtivement dans la rue voit uniquement ce qui se trouve à la hauteur de son regard. Personne n'a le temps à l'heure actuelle d'admirer les statues sur les toits. La modernité d'une ville s'illustre dans les pavés.
Dans la maison de la Michaelerplatz, la conception de la façade a été différenciée afin de séparer le commerce et l'habitation. J'ai souhaité à travers les deux colonnes principales et les plus étroites accentuer le rythme, sans lequel il n'existe aucune architecture. L'asymétrie des axes renforce encore la séparation. Afin d'ôter à l'ouvrage un lourd gigantisme et de montrer qu'un tailleur, fût-il également chef d'entreprise, y a installé son affaire, j'ai donné aux fenêtres la forme de fenêtres arquées anglaises, qui assurent grâce au découpage en surfaces de petite taille un effet d'intimité à l'intérieur. L'utilité pratique de ce découpage des fenêtres réside dans le sentiment de sécurité qu'il instille. L'on ne craint pas de tomber dans la rue depuis le premier étage. Le journaliste Raoul Auernheimer a écrit à propos de cet immeuble qu'il y faisait sombre et triste à l'intérieur et qu'il présentait un visage rasé de près, sur lequel ne se dessine aucun sourire. Il ajoutait qu'il s'agissait probablement d'un principe puisque le sourire est également un ornement. Je préfère personnellement le visage imberbe de Beethoven, sur lequel ne se dessine aucun sourire, à tous les boucs hilares des membres de la Künstlerhaus. Les maisons doivent se dresser à Vienne sérieuses et festives, ainsi qu'elles ont toujours affiché une allure sérieuse et festive. Ras-le-bol des bals costumés, ras-le-bol des badinages !
Les maisons au cœur desquelles se trouvait un édifice monumental se sont autrefois effacées discrètement dans le style. C'étaient des maisons bourgeoises sans artifices. L'une parlait et les autres se taisaient. Aujourd'hui, toutes ces demeures orgueilleuses hurlent à tue-tête et l'on n'en entend aucune. »*)

*) Adolf Loos, „Ma maison a la Michaelerplatz" (1911), in: La ville Potemkin, Georg Prachner Verlag, Wien 1983, S. 122.

57 DAS ANDERE Heft 2, Titelblatt, Wien 1903

„Wer fechten lernen will, muß selbst das rapier in die hand nehmen. Vom zusehen beim fechten hat noch niemand fechten gelernt. Und wer sich ein heim schaffen will, muß selbst alles angeben. Sonst lernt er es nie. Wohl wird es voller fehler sein. Aber es sind eure eigenen fehler. Durch selbstzucht und uneitelkeit werdet ihr bald diese fehler erkennen. Ihr werdet ändern und verbessern.

Euer heim wird mit euch und ihr werdet mit eurem heime. Fürchtet euch nicht, dass eure wohnung geschmacklos ausfallen könnte. Über den geschmack lässt sich streiten. Wer kann entscheiden, wer recht hat? Für *eure* wohnung habt *ihr* immer recht, niemand anderer.

Die wortführer der modernen künstler sagen euch, dass sie alle wohnungen nach eurer individualität einrichten. Das ist eine lüge. Ein künstler kann wohnungen nur nach *seiner* art einrichten. Wohl gibt es menschen, die den versuch machen – gerade wie es leute gibt, die die pinsel in die farbtöpfe stecken und nach dem geschmack des eventuellen käufers ihre leinwand bemalen. Aber *künstler* nennt man die nicht.

Eure wohnung könnt ihr euch nur selbst einrichten. Denn dadurch wird sie erst zu eurer wohnung. Macht das ein anderer, sei es maler oder tapezierer, so ist es keine wohnung. Es kommt dann höchstens heraus: eine reihe von hotelzimmern. Oder die karikatur einer wohnung. (…)

Nein, ich habe meine ‚architektonische' tätigkeit nicht aufgegeben. Ich werde auch weiterhin geschäftshaus-, kaffeehaus- und wohnungseinrichtungen durchführen. Aber die art, in der ich arbeite, involviert noch keinen widerspruch zu dem geschriebenen in der vorigen nummer. Sie sind so freundlich, meine bisherige tätigkeit in Wien als ‚architektonisch' zu bezeichnen. Das ist sie leider nicht. Wir leben allerdings in einer zeit, in der sich jeder tapetenzeichner als architekt bezeichnet. Das macht ja nichts. In Amerika nennt sich ja auch jeder heizer ingenieur (engineer). Aber wohnungseinrichten hat mit der architektur nichts zu tun. Ich habe mich damit ernährt, weil ich's *kann*. Genau so wie ich in Amerika eine zeitlang mit geschirrwaschen mir das leben im körper erhalten habe. Es gäbe ja auch diese ernährungsweise: Ein bauer kommt zu mir und sagt: ‚Ich will in die stadt ziehen und als städter leben. Besorgen sie mir alles. Sie bekommen zehn prozent des verausgabten geldes als ‚architektenhonorar'.' Und nun gehe ich mit ihm zum schuhmacher, zum hemdenmacher. Stock und schirm, taschentuch und visitiere, visitkarten und krawattennadel. Fertig. Next.

Fremdenführer für kulturfremde.

So habe ich wohnungen eingerichtet, so richte ich wohnungen ein. Ich gebe ratschläge. Tapeten? Gehen wir zu Schmidt am neuen markt. Wollen sie gestreifte oder einfärbige? Die gefällt ihnen? Ich würde zu der raten.

Manche kommen zu mir, weil sie es nicht verstehen, manche, weil sie die quellen nicht wissen, manche, weil sie keine zeit haben. Aber ein jeder lebt in seiner *eigenen* wohnung nach seiner *eigenen* individualität.

Allerdings gemildert durch meine ratschläge. (…)

Jawohl, die ‚neue freie presse' hat recht, wenn sie es beanstandet, dass die wiener im frack mit schwarzer krawatte in die oper gehen. Eine schwarze krawatte trägt man nur in demidress, den man in Wien fälschlich smoking nennt. Aber auch da geschehen fehler. Man kann nämlich eher in Wien einen mann im ‚smoking' mit weißer krawatte als eine weiße krawatte zum frack sehen. Neulich sah ich in der Josefstadt gar folgendes: ‚smoking' und färbiges hemd. Sie werden mir vielleicht einwenden, dass das ein schuster war. Na sie würden sich wundern, wenn sie den namen des mannes hörten."

Adolf Loos, „Das Andere" (1903) in: ders., Sämtliche Schriften, Bd. 1, Wien 1962, S. 243f.

58 HAUS LEOPOLD GOLDMAN Wien 19, Hardtgasse 27–29, 1909/11

59 Haus Goldman, Eingang zur Wohnung Goldman

"Whoever wants to learn to fence has to take hold of the rapier himself. No-one ever learned to fence by watching fencing. And anyone who wants to make a home has to decide for himself how it should be. Otherwise he'll never learn. It might be riddled with mistakes. But they are your own mistakes. Self discipline and modesty will soon make you recognize these mistakes and you will change and improve.

Your home will be part of you and you part of your home. You need have no fear that your *apartment* will turn out to be in bad taste. Taste is a matter for discussion. Who can decide who is right?

For *your* apartment, *you* are always right, no-one else.

The spokespersons for the modern artist tell you that they will furnish all your apartments according to your individuality. That is a lie. An artist can only furnish an apartment according to *his* taste. There are indeed people who try it – in the same way as there are people who stick a brush in a tin of paint and attempt to paint a canvas in keeping with the taste of a potential buyer. But you don't call them *artists*.

You can only furnish your apartment yourself. Because that way it becomes your apartment. If someone else does it, whether he's a painter or a decorator, it isn't an apartment. The best that can result would be a row of hotel rooms. Or the caricature of an apartment. (…)

No, I haven't given up my architectural activities. I will continue to carry out commissions for offices, cafés and apartment fittings and furnishings. But the way I work does not involve any contradiction of what was written in the previous number. You were gracious enough to call my activity in Vienna as 'architectural'. Unfortunately it isn't. However we are living in an age when every wall-paper designer calls himself an architect. That doesn't matter. In America every stoker calls himself an engineer. But the furnishings in an apartment have nothing to do with architecture. I made enough to feed myself from it because I can do it. In exactly the same way I kept body and soul together in America by washing dishes for a time. There would also be this way of feeding yourself: a farmer comes up to me as says, ‚I want to move into the city and live like a city dweller. Supply me with everything. You get ten per cent of all the monies you spend as 'architect's fee'.' And now I go with him to the shoemaker, to the shirt maker, walking cane and umbrella, handkerchief, visiting-cards, tie pin. Finished. Next.

A tourist guide for a cultural stranger.

That's how I fitted out apartments, that's how I furnish apartments. I give advice. Wallpaper? Let's go to Schmidt's on new market. Do you want it striped or in a single colour? You like that one? I would advise you to take that one.

Some people come to me because they don't understand, some because they don't know where to get things, some because they don't have the time. But every single one lives in his own apartment according to his own individuality.

Moderated by my advice, however. (…)

Most certainly, the ‚New Free Press' is right when it objects to the viennese going to the opera in a tailcoat and a black tie. A black tie is only to be worn with demi-dress which in Vienna is falsely known as a ‚smoking'. But mistakes happen there as well. In Vienna one is rather more likely to see a man in a ‚smoking' with a white tie than with a white tie worn with a tailcoat. Just recently I even saw the following in the josefstadt theatre – a ‚smoking' with a coloured shirt. You might object that it was a shoemaker. Well, you'd be surprised if I told you the name of the man."

Adolf Loos, "The Other" (1903) in: Sämtliche Schriften, Bd. 1, Wien 1962, S. 243f.

60 Haus Goldmann, Stiegenhaus

61 HAUS HUGO UND LILLY STEINER   Wien 13, St. Veit Gasse 10, Fassade zur Straße, 1910

Auf Grund baubehördlicher Vorschrift durfte dieses Haus eine bestimmte Höhe nicht überschreiten. Um es gegen die Straße hin niedrig erscheinen zu lassen, zog Loos ein halbtonnenförmiges Blechdach bis zur Erdgeschoßhöhe herab. Dies bedeutete kaum einen Verlust des geplanten Wohnvolumens und erlaubte eine ökonomische Ausnutzung des vorhandenen Baukörpers. Erst vom Garten ist erkennbar, dass das Haus eigentlich dreistöckig ist.

Because of building regulations this house was not to exceed a specific height. In order to make it appear low against the street, Loos gave it a half-barrel sheet metal roof which curved down to ground floor level. This meant scarcely any loss of the planned living space volume and enabled the available building space to be used economically. Only from the garden can it be seen that the house is actually composed of three storeys.

In base alle istruzioni dell'ispettorato all'edilizia questa casa non poteva superare una certa altezza. Per farla apparire più bassa vista dalla strada, Loos creò un tetto a botte in lamiera che fece arrivare fino all'altezza del piano terra. Ciò non comportò alcuna diminuzione del volume abitativo pianificato e permise un migliore sfruttamento del corpo dell'edificio. Solo la vista dal giardino permette di riconoscere l'effettiva struttura a tre piani della casa.

En raison de prescriptions des autorités de l'urbanisme, cette maison ne pouvait dépasser une certaine hauteur. Afin de la faire paraître basse depuis la rue, Loos a étendu un toit en tôle de forme semi-cylindrique jusqu'à la hauteur du rez-de-chaussée. Cette solution permettait une perte minimale du volume habitable prévu et une exploitation économique du volume disponible. L'on peut uniquement découvrir depuis le jardin que cette maison comporte en réalité trois étages.

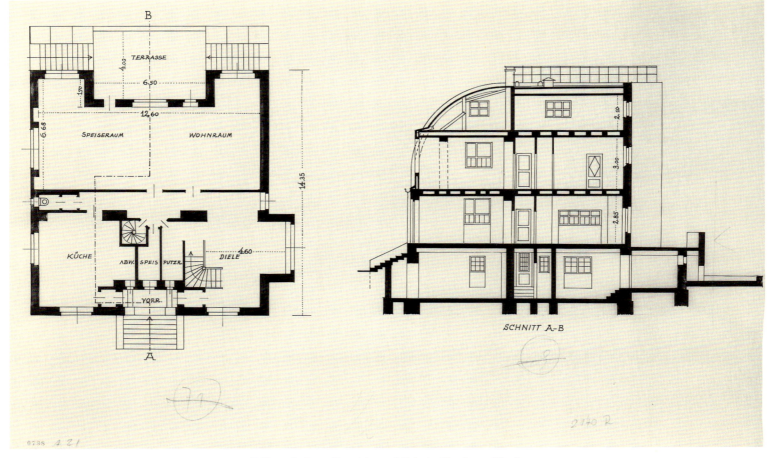

62 Haus Steiner, Grundriss und Schnitt; Tusche auf Papier

«Chi vuol imparare a tirare di scherma deve prendere il fioretto in mano. Nessuno ha mai imparato a tirare di scherma solo assistendo a un combattimento. E chi vuole farsi una casa deve pensare a tutto personalmente. Altrimenti non imparerà mai a farlo. L'abitazione sarà naturalmente piena di errori. Ma sono errori vostri. Attraverso l'autodisciplina e la modestia riuscirete presto a riconoscerli. Cambierete e migliorerete.
La vostra casa cresce con voi e voi crescete con la vostra casa. Non abbiate paura che la vostra *abitazione* possa sembrare di cattivo gusto. Il gusto è una questione controversa. Chi può giudicare chi ha ragione?
Sulla *vostra* casa avete sempre ragione *voi*. Nessun altro.
I portavoce degli artisti moderni vi dicono che questi arredano tutte le abitazioni secondo la vostra personalità. È una menzogna. Un artista può arredare un'abitazione soltanto a *suo* modo. Esistono certamente persone che cercano di farlo – come esistono persone che intingono il pennello nel barattolo dei colori e dipingono la loro tela secondo il gusto del probabile acquirente. Ma costoro non possono essere definiti *artisti*.
Una casa ve la potete arredare solo per conto vostro. Perché solo così diventa la vostra casa. Se lo fa un altro, sia pittore o tappezziere, non ne risulta un'abitazione. Tutt'al più ne risulterà una serie di camere d'albergo. Oppure la caricatura di un'abitazione. (…)
No, non ho rinunciato alla mia attività ‹architettonica›. Continuerò anche in futuro ad arredare negozi, caffè e abitazioni. Ma il mio modo di lavorare non contraddice quanto ho scritto nel numero precedente. Lei è tanto gentile da definire ‹architettonica› l'attività che ho svolto finora a Vienna. Ma purtroppo non lo è. Viviamo, è vero, in un'epoca in cui ogni disegnatore di tappezzerie si autodefinisce un architetto. Ma non importa. È anche vero che in America ogni fuochista si definisce ingegnere (engineer). L'arredamento di una casa non ha nulla a che fare con l'architettura.

Ne ho ricavato da vivere perché lo so fare. Così come in America mi sono guadagnato la vita
per un certo periodo facendo lo sguattero. Ci sarebbe un altro modo ancora per riuscire a mantenersi: un contadino viene da me e mi dice: ‹Voglio stabilirmi in città e vivere come un cittadino. Provveda lei a tutto l'occorrente. Riceverà in compenso il dieci per cento del denaro speso quale ‹onorario dell'architetto›.› Allora vado con lui dal calzolaio, dal camiciaio. Bastone e ombrello, fazzoletto, biglietto da visita e spilla per la cravatta. Fine. Avanti il prossimo.
Guida turistica per forestieri della civiltà.
In questo modo ho arredato appartamenti, in questo modo continuo ad arredarli. Do dei consigli. Tappezzerie? Andiamo da Schmidt al neuer markt. La preferisce rigata o a tinta unita? Queste le piacciono? Io le consiglierei quelle.
Alcune persone si rivolgono a me perché non se ne intendono, altre perché non sanno dove trovare le cose, altre ancora perché non hanno il tempo di occuparsene. Ma ognuna di queste persone vive nella sua casa, che esprime la sua individualità.
Tuttavia, lievemente modificata dai miei consigli. (…)
Sì, la ‹neue freie presse› ha ragione quando critica i viennesi che vanno all'opera con la cravatta nera e il frac. La cravatta nera si porta soltanto con il demidress, che a Vienna viene erroneamente chiamato ‹smoking›. Ma anche in questo caso si fanno degli errori. A Vienna è più facile vedere un uomo in ‹smoking› con la cravatta bianca che una cravatta bianca con il frac. Recentemente nella capitale mi è capitato di vedere quanto segue: ‹smoking› e camicia colorata. Forse mi obbietterete che si doveva trattare di un ciabattino. No, vi stupireste se vi dicessi il nome della persona in questione.»

Adolf Loos, «L'Altro» (1903) in: ders., Sämtliche Schriften, Bd. 1, Wien 1962, S. 243f.

63 Haus Steiner, Gartenseite

« Qui veut apprendre l'escrime doit lui-même se saisir de la rapière. Nul n'a encore appris l'escrime à l'observation d'un combat. De même, qui veut se fabriquer un logis doit entièrement le concevoir lui-même. Il ne peut apprendre autrement. Le résultat sera certes truffé de défauts. Mais ce seront vos propres erreurs. La discipline personnelle et la modestie ne tarderont pas à vous faire reconnaître ces défauts et vous pourrez les corriger.

Votre logis croît avec vous et vous croissez avec votre logis. Ne craignez pas que votre *habitation* puisse paraître de mauvais goût. Les goûts se discutent. Qui a le pouvoir de trancher qui a raison ?

Vous avez toujours raison pour *votre* habitation, et personne d'autre. Les porte-parole des artistes modernes prétendent qu'ils aménagent chaque habitation selon la personnalité de son occupant. C'est un mensonge. Un artiste ne peut aménager une habitation que dans *son* propre style. Il en est naturellement qui essaient, tout comme d'aucuns trempent leurs pinceaux dans les pots de couleur et peignent leurs toiles au goût d'un acquéreur potentiel. Mais ils ne sauraient être qualifiés d'*artistes*.

Vous seul pouvez aménager votre habitation. Car c'est ainsi, et seulement ainsi, qu'elle deviendra votre habitation. Si un autre s'en charge, qu'il soit peintre ou tapissier, ce n'est pas une habitation. Cela devient tout au plus un alignement de chambres d'hôtel. Ou la caricature d'une habitation. (…)

Non, je n'ai pas abandonné mon activité ‹ architecturale ›. Je continue d'exécuter des aménagements de boutiques, de cafés et d'habitations. Mais le style dans lequel je travaille n'implique aucune contradiction au regard des remarques précédentes. Vous avez eu la bienveillance de parer les activités que je mène à Vienne du titre d'architecture. Elles ne le méritent malheureusement pas. Nous vivons toutefois dans une époque où tout dessinateur de tapisserie se qualifie d'architecte. Ce n'est pas grave. En Amérique, tout chauffeur se qualifie bien d'ingénieur. L'aménagement d'intérieurs n'a pourtant rien à voir avec l'architecture. J'en ai fait mon gagne-pain parce que j'en suis capable. Tout comme j'ai noué un temps les deux bouts en Amérique en lavant la vaisselle. Une autre méthode existe pour pourvoir à ses besoins : un paysan vient me voir et dit : ‹ Je veux emménager en ville et vivre comme un citadin. Occupez-vous de tout. Vous recevrez dix pour-cent de vos dépenses à titre d'honoraires d'architecte. › Et j'emmène le brave homme chez le cordonnier, puis chez le chemisier. Canne, parapluie, mouchoir de poche, cartes de visite et pince à cravate. Terminé. Au suivant.

Un guide touristique pour un étranger culturel.

Voilà comment j'ai aménagé des appartements, voilà comment j'aménage encore des appartements. Je prodigue des conseils. La tapisserie ? Allons chez Schmidt sur le nouveau marché. Préférez-vous le rayé ou l'uni ? Ce modèle vous plaît ? Je vous le conseille. Certains font appel à mes services parce qu'ils n'y entendent rien, d'autres parce qu'ils ne connaissent par les bons magasins, d'autres encore parce qu'ils n'ont pas le temps. Mais chacun vit dans son propre appartement selon sa propre personnalité.

Mâtinée toutefois de mes conseils. (…)

Bien sûr, la ‹ nouvelle presse libre › a raison lorsqu'elle vilipende les Viennois qui se rendent à l'opéra en queue-de-pie complétée d'une cravate noire. Une cravate noire ne se porte que sur un semi-habit, que l'on appelle erronément à Vienne ‹ smoking ›. Les erreurs se commettent en tout lieu. L'on rencontre en effet plus souvent à Vienne un homme en ‹ smoking › et cravate blanche qu'un ensemble queue-de-pie et cravate blanche. J'ai même vu récemment au théâtre Josefstadt un homme vêtu d'un ‹ smoking › et d'une chemise de couleur. Peut-être objecterez-vous que c'était un cordonnier. Vous seriez en réalité surpris de connaître le nom de cet homme. »

Adolf Loos, « L'Autre » (1903), in: ders., Sämtliche Schriften, Bd. 1, Wien 1962, S. 243f.

64 Kaminuhr, Rahmen aus gegossenen Messingprofilen, verkupfert, facettierte Scheiben, von Loos öfter verwendet, um 1900

65 Haus Steiner, Ansicht von Osten

66 Haus Steiner, Schrägansicht vom Garten

67 Haus Steiner, Diele, Wandverkleidung und Deckenbalken aus Spiegeleiche

68 Haus Steiner, Sitzecke und Aufgang in das Obergeschoß

69 SCHNEIDERSALON KNIŽE Wien 1, Graben 13, 1910/13

Schon das schwarze Granitportal vermittelt den noblen Charakter des Geschäftes. Im Erdgeschoß führt der Weg an Wandschränken des Verkaufslokals für kleinere Modeartikel vorbei zur Treppe. Über die schön gebogene Stiege aus Kirschholz gelangt man in das Obergeschoß. Die Maßabteilung wird geteilt durch eine Galerie, die als Büro dient. Dunkle Töne dominieren. Lederfauteuils und Ziegelkamin akzentuieren die Vornehmheit des Geschäftes. Adolf Loos vermittelt mit dieser einzigen noch ganz erhaltenen Arbeit dieses Schneider-Salons Gediegenheit und zeitlose Haltbarkeit.

The black granite portal gives the first hint of the grandeur of this shop. On the ground floor, the visitor is led past the wall cupboards of the sales area for smaller fashion items, to the stairwell. Access to the upper storey is via the beautiful curve of the cherry-wood staircase. The measuring room is divided by a gallery which serves as the office. Dark shades dominate. Leather armchairs and a brick fireplace accentuate the elegance of the premises. With this unique, completely self-assured work, Adolf Loos gives this tailor's shop an air of solidity and timeless durability.

Il portone di granito nero trasmette da subito il carattere raffinato del negozio. Al pianterreno si raggiungono le scale passando davanti agli armadi a muro del reparto per la vendita di piccoli articoli di moda. Attraverso la scala di ciliegio dalla bella linea curva si arriva al piano superiore. Il reparto sartoria è diviso da una galleria che serve da ufficio. Prevalgono i toni scuri. Le poltrone di pelle e il camino in mattoni sottolineano l'eleganza del negozio. Con la realizzazione di questa sartoria, unico lavoro ad essere ancora perfettamente integro, Adolf Loos trasmette un senso di accuratezza e solidità senza tempo.

Le portail de granit noir laisse à lui seul transparaître la noblesse de l'établissement. Au rez-de-chaussée, le couloir s'étend le long des placards du magasin réservés aux petits articles de modes en direction de l'escalier. Les marches en merisier, déjà courbées, conduisent au premier étage. Le département de mesure est séparé par une galerie, qui sert également de bureau. Les tonalités sombres prédominent. Des fauteuils de cuir et une cheminée en briques rehaussent le confort du magasin. Adolf Loos a conféré à cette boutique de tailleur, dans cet unique ouvrage entièrement préservé, une impression de solidité et de pérennité intemporelle.

70 Schneidersalon Kniže, Verkaufsraum im Erdgeschoß mit eingebautem Kassapult

71 Schneidersalon Kniže, Ladenschrank aus Kirschholz mit verglasten Läden

72 Schneidersalon Kniže, Stiege in das Obergeschoß

73 Schneidersalon Kniže, Treppe in das Obergeschoß

„Im anfange war die bekleidung. Der mensch suchte schutz vor den unbilden des wetters, schutz und wärme während des schlafes. Er suchte sich zu bedecken. Die decke ist das älteste architekturdetail. Ursprünglich war sie aus fellen oder erzeugnissen der textilkunst. Diese bedeutung erkennt man noch heute in den germanischen sprachen. Diese decke musste irgendwo angebracht werden, sollte sie genügend schutz für eine familie bieten! Bald kamen die wände dazu, um auch seitlichen schutz zu bieten. Und in dieser reihenfolge entwickelte sich der bauliche gedanke sowohl in der menschheit als auch im individuum.

Es gibt architekten, die das anders machen. Ihre phantasie bildet nicht die räume, sondern mauerkörper. Was die mauerkörper übrig lassen, sind dann die räume. Und für diese räume wird nachträglich jene bekleidungsart gewählt, die ihnen dann passend erscheint. Das ist kunst auf empirischem wege.

Der künstler aber, der a r c h i t e k t, fühlt zuerst die wirkung, die er hervorzubringen gedenkt, und sieht dann mit seinem geistigen auge die räume, die er schaffen will. Die wirkung, die er auf den beschauer ausüben will, sei es nun angst oder schrecken wie beim kerker; gottesfurcht wie bei der kirche; ehrfurcht vor der staatsgewalt wie beim regierungspalast; pietät wie beim grabmal; heimgefühl wie beim wohnhause; fröhlichkeit wie in der trinkstube; diese wirkung wird hervorgerufen durch das material und durch die form.

74 Schneidersalon Kniže, Wange der Treppe

75 Schneidersalon Kniže, Interieur im Obergeschoß

Ein jedes material hat seine eigene formensprache, und kein material kann die formen eines anderen materials für sich in anspruch nehmen. Denn die formen haben sich aus der verwendbarkeit und herstellungsweise eines jeden materials gebildet, sie sind mit dem material und durch das material geworden. Kein material gestattet einen eingriff in seinen formenkreis. Wer es dennoch wagt, den brandmarkt die welt als fälscher. Die kunst hat aber mit der fälschung, mit der lüge nichts zu tun. Ihre wege sind zwar dornenvoll, aber rein."

Adolf Loos, „Das Prinzip der Bekleidung" (1898) Sämtliche Schriften, Bd. 1, Wien 1962, S. 105 f.

76 Schneidersalon Kniže, Obergeschoß

77 Schneidersalon Kniže, Obergeschoß, Vertäfelung aus Eichenholz, quadratisch gefelderte Holzdecke

78 Schneidersalon Kniže, Maßabteilung im Mezzanin

79 Schneidersalon Kniže, Obergeschoß. Nachbildung einer Reklameplastik, die seinerzeit in der Pariser Niederlassung existierte

"In the beginning there was clothing. Humankind sought shelter from the rigours of the weather, shelter and warmth while they slept. They sought covering. The covering (Decke) is the oldest architectural detail. Originally it was made of fur or products of textile art. Even today this meaning can be seen in the germanic languages. The covering had to be attached to something to provide enough shelter for a family. Soon walls were added in order to provide shelter from the side. And that was the order in which the idea of building developed both in humanity in general and in the individual.

There are architects who do it differently. Their fantasy doesn't form spaces but rather walls as physical bodies. What is left over by those physical bodies is the room. And subsequently, according to what they think is appropriate, a form of 'dressing up' is found for these rooms. That is art using empirical method.

However the artist, the a r c h i t e c t, first feels the effect that he wants to create and then, with his inner eye, he sees the room he wants to make. The effect that he wants to evoke in the viewer – whether it is fear or terror of a prison; fear of god in a church; respect for the power of the state in the seat of government; piety at a monument; homeliness in a house; cheerfulness in a pub – this effect is elicited by material and form.

Each material has its own language of form and no material can claim the forms of another. This is because the forms are a result of the use and methods of production inherent in each material, they have come into existence with and through the material. No material permits incursion into its repertoire of forms. Anyone who tries it nevertheless will be branded by the world as a counterfeiter. However art has nothing to do with forgery or lies. Its path is certainly thorny, but it is pure."

Adolf Loos, "The Principle of Clothing" (1898) Sämtliche Schriften, Bd. 1, Wien 1962, S. 105 f.

«In principio fu il rivestimento. L'uomo cercava rifugio dalle intemperie, protezione e calore durante il sonno. Cercava di coprirsi. Il tetto è il più antico elemento architettonico. Dapprima esso era costituito da pelli o da prodotti dell'arte tessile. Questo significato della parola è ancora oggi riconoscibile nelle lingue germaniche. Il tetto doveva essere sistemato in modo tale da fornire riparo sufficiente all'intera famiglia! Furono perciò aggiunte le pareti che offrivano nel contempo riparo sui lati. È in questo modo che si è sviluppato il pensiero architettonico tanto nell'umanità che nel singolo.

Vi sono architetti che seguono un processo differente. La loro fantasia non crea spazi, ma strutture murarie. Quello che resta sono gli spazi interni. Per questi spazi l'architetto sceglie soltanto in un secondo tempo il rivestimento che ritiene più adatto. Questa è arte per via empirica.

L'artista invece, l ' a r c h i t e t t o, pensa dapprima all'effetto che intende raggiungere, poi con l'occhio della mente costruisce l'immagine dello spazio che creerà. Questo effetto è la sensazione che lo spazio produce sullo spettatore: che può essere la paura o lo spavento, come in un carcere; il timore di dio, come in una chiesa; il rispetto reverenziale per l'autorità, come in un palazzo del governo; la pietà, come in un monumento funebre; il senso di calore, come nella propria casa; la spensieratezza, come in un'osteria. Questo effetto viene raggiunto attraverso il materiale e attraverso la forma. Ogni materiale possiede un linguaggio formale che gli appartiene e nessun materiale può avocare a sé le forme che corrispondono a un altro materiale. Perché le forme si sono sviluppate a partire dalla possibilità di applicazione e dal processo costruttivo propri di ogni singolo materiale, si sono sviluppate con il materiale e attraverso il materiale. Nessun materiale consente una intromissione nel proprio repertorio di forme. Chi osa, ciononostante, una tale intromissione, viene bollato dal mondo come falsario. L'arte non ha nulla a che fare con la falsificazione, con la menzogna. Le sue vie sono piene di spine, ma pure.»

Adolf Loos, «Il principio del rivestimento» (1898) Sämtliche Schriften, Bd. 1, Wien 1962, S. 105 f.

80 Schneidersalon Kniže, Obergeschoß

81 Schneidersalon Kniže,
Tür zur Schneiderei

82 Schneidersalon Kniže, Obergeschoß,
Schirm- und Stockangebot

83 Schneidersalon Kniže, Wartesalon im Obergeschoß

« Au début, il y avait l'habillement. L'homme recherchait une protection contre les intempéries, une protection et une source de chaleur pendant son sommeil. Il cherchait à se couvrir. Le recouvrement est le plus ancien détail architectural. Il était réalisé à l'origine en peaux de bête ou en produits issus de la transformation du tissu. Cette signification s'illustre aujourd'hui encore dans les langues germaniques. Un ‹ recouvrement › doit être installé à tout endroit où il procure une protection suffisante à une famille ! Les murs furent rapidement ajoutés afin d'offrir également une protection sur les côtés. Et la conception de la construction s'est développée dans cet ordre à la fois dans les esprits individuels et dans l'humanité.

Certains architectes procèdent autrement. Leur imagination ne crée pas les espaces, mais assemble des murs. Les espaces sont seulement ce qui subsiste entre les murs. À une étape ultérieure, le type d'habillage qui semble approprié est choisi pour ces espaces. L'art se présente ainsi sous sa forme empirique.

L'artiste, quant à lui, l'architecte, ressent en premier lieu l'effet qu'il souhaite susciter et perçoit ensuite par son regard spirituel les espaces qu'il doit créer. L'effet qu'il souhaite produire sur l'observateur, tel que la peur ou l'effroi face à un cachot, la crainte de Dieu face à une église, la déférence à l'égard de l'autorité publique face au siège du gouvernement, la piété face à un tombeau, le sentiment d'aise dans une habitation, la gaieté au cabaret, cet effet est engendré par le matériau et par la forme.

Chaque matériau possède son propre langage des formes et aucun ne peut prétendre aux formes d'un autre. Les formes ont en effet jailli à partir du domaine d'utilisation et du mode de production de chaque matériau, elles sont nées avec le matériau et par le matériau. Aucun matériau ne tolère une immixtion dans son inventaire de formes. Quiconque s'y aventure est frappé dans le monde du sceau infamant de l'usurpation. L'art est toutefois étranger à l'usurpation, au mensonge. Ses chemins sont certes parsemés d'embûches, mais ils sont purs. »

Adolf Loos, « Le principe de l'habillement » (1898) Sämtliche Schriften, Bd. 1, Wien 1962, S. 105 f.

84 Schneidersalon Kniže, Obergeschoß, zweiter Salon mit der Galerie

85 HAUS OTTO UND AUGUSTE STOESSL Wien 13, Matrasgasse 20, 1911/12

„Unter schönheit verstehen wir die höchste vollkommenheit. Vollständig ausgeschlossen ist daher, dass etwas unpraktisches schön sein kann. Die erste grundbedingung für einen gegenstand, der auf das prädikat ‚schön' anspruch erheben will, ist, dass er gegen die zweckmäßigkeit nicht verstößt. Der praktische gegenstand allein ist allerdings noch nicht schön. Dazu gehört mehr. Die alten Cinquecento-leute haben sich wohl am präzisesten ausgedrückt. Sie sagen: Ein gegenstand, der so vollkommen ist, dass man ihm, ohne ihn zu benachteiligen, weder etwas wegnehmen noch zugeben darf, ist schön. Das wäre die vollkommenste, die abgeschlossenste harmonie. (…)

Gegenwärtig wird von einem sessel nicht nur verlangt, dass man sich auf ihm ausruhen kann, sondern auch, dass man sich s c h n e l l ausruhen kann. *Time is money*. Das ausruhen musste daher spezialisiert werden. Nach geistiger arbeit wird man sich in einer anderen stellung ausruhen müssen als nach der bewegung im freien. Nach dem turnen anders als nach dem reiten, nach dem radfahren anders als nach dem rudern. Ja, noch mehr. Auch der grad der ermüdung verlangt eine andere technik des ausruhens. Dieselbe wird, um das ausruhen zu beschleunigen, durch mehrere sitzgelegenheiten, die nacheinander benützt werden, durch mehrere körperlagen und stellungen geschehen müssen. Haben sie noch nie das bedürfnis gehabt, besonders bei großer ermüdung, den einen fuß über die armlehne zu hängen? An sich ist das eine sehr unbequeme stellung, aber manchmal eine wahre wohltat. In Amerika kann man sich diese wohltat immer verschaffen, weil dort kein mensch das bequeme sitzen, also das schnelle ausruhen, für unfein hält. Dort kann man auch auf einen tisch, der nicht zum essen dient, seine füße ausstrecken. Hier aber findet man in der bequemlichkeit seines nebenmenschen etwas beleidigendes. Gibt es doch noch menschen, denen man auf die nerven treten kann, wenn man die füße im eisenbahnkupee auf die gegenüberliegenden sitze streckt oder sich gar hinlegt."

Adolf Loos, „Das Sitzmöbel" (1898) Sämtliche Schriften, Bd. 1, Wien 1962, S. 48, 50 f.

86 Haus Stoessl, Buffet im Speisezimmer, 1901

"The word beauty implies the greatest perfection. That means that it is completely out of the question that something unpractical can be regarded as beautiful. The first basic condition of an object claiming to be 'beautiful' is that it does not infringe the rules of practicality. The practical object is not beautiful per se. There is more to it than that. The old Cinquecento-people probably expressed it with the greatest precision. They said: an object is beautiful if it is not possible to add something to it or subtract something from it without detriment to the thing itself. That would be the most perfect and self-contained harmony. (…)

At the present time one demands from a chair not only that one can relax on it, but that one can relax on it q u i c k l y. *Time is money.* Therefore there had to be specialised relaxation. After mental work one has to relax in a different position to the one taken after outside activity. After gymnastics another one to after riding; after bicycling other than after rowing. Yes, and more. The degree of tiredness also demands other techniques of relaxation. The same will have to happen in order to accelerate relaxation, various forms of seating will have to be employed, one after another, in which different body positions and angles are assumed. Have you never felt the need to hang one leg over the arm of a chair, especially after great effort? In itself, it is a very uncomfortable position but sometimes it is in truth a good deed. In America one can always do that because nobody regards it as bad manners to sit comfortably, to relax quickly. There you can also stretch your feet out on a table which is not used for eating. Here, however, the comfort of your neighbour or guest is considered an insult. Does putting your feet on the seat opposite in a railway carriage, or even lying down on it, still manage to get on some people's nerves."

Adolf Loos, "Seating" (1898) Sämtliche Schriften, Bd. 1, Wien 1962, S. 48, 50 f.

87 Haus Stoessl, Eckschrank im Speisezimmer, 1901

«Per bellezza intendiamo la più alta perfezione. È quindi assolutamente escluso che una cosa poco pratica possa essere bella. La condizione fondamentale affinché un oggetto possa meritare la qualifica di ‹bello› è che esso non contrasti con la praticità. Non è tuttavia sufficiente che un oggetto sia pratico perché sia bello. A tal fine occorre qualcosa di più. Un trattatista del Cinquecento si è espresso in proposito nel modo più preciso. Egli afferma: ‹Un oggetto al quale non sia possibile togliere o aggiungere nulla, senza pregiudicarne la perfezione, è bello. Sarebbe questa la più perfetta, la più compiuta armonia›. (…)
Oggi non è più sufficiente che una sedia sia riposante, ci si deve poter riposare r a p i d a m e n t e. *Time is money*. Si è quindi resa necessaria una specializzazione nella tecnica del riposo. Al termine di un lavoro intellettuale ci si deve poter riposare in una posizione diversa che al termine di una fatica fisica all'aperto. Dopo la ginnastica, diversamente che dopo l'equitazione, dopo essere andati in bicicletta, diversamente che dopo aver remato. E non solo. Il grado di affaticamento richiede tecniche di riposo ogni volta diverse. Così si accelererà il riposo stando seduti in diversi modi, in successione, e così cambiando posizioni e atteggiamenti del corpo. Non avete mai sentito il bisogno, specialmente se siete molto stanchi, di passare la gamba sopra il bracciolo della poltrona? Tale posizione, considerata per sé, è molto scomoda, ma spesso se ne ha un vero beneficio. In America ci si può concedere sempre questo beneficio, perché nessuno giudica sconveniente un modo di sedersi comodo, che significa appunto la possibilità di riposarsi in breve tempo. In America si possono anche appoggiare i piedi sul tavolo, purché non si tratti di un tavolo da pranzo. A questo punto però bisogna dire che la comodità del proprio vicino può a volte essere giudicata offensiva. Vi sono persone a cui dà fastidio quando nello scompartimento di un vagone ferroviario si appoggiano i piedi sul sedile di fronte, o addirittura ci si sdraia sopra.»

Adolf Loos, «La Sedia» (1898) Sämtliche Schriften, Bd. 1, Wien 1962, S. 48, 50 f.

88 Haus Stoessl, Wandschrank in der Bibliothek, Porträts des Dichters Otto Stoessl und seiner Frau

89 Haus Stoessl, Tisch aus der Wohnung Dr. Hugo Haberfeld, Variante aus Nussholz, eingelegten Fliesen und Kupferbeschlägen, um 1900

90 Haus Stoessl, Josef Veillich: Handwerkskopie des Theben-Hockers von Liberty & Co, 1900

91 WOHNUNG LEOPOLD GOLDMAN Kaminecke in der Eingangshalle, Eiche dunkel gebeizt, 1911

« Nous qualifions de beauté la plus haute perfection. Il est donc totalement exclu qu'un objet qui n'est pas pratique puisse être beau. La première condition sine qua non pour un objet qui souhaite prétendre au qualificatif ‹ beau › est de ne pas enfreindre les règles de la commodité. Un objet pratique n'est toutefois pas beau en soi. Il en faut davantage. Nos ancêtres du Cinquecento l'ont exprimé avec la plus grande précision en disant : un objet aussi parfait que l'on ne puisse sans lui porter préjudice ni lui soustraire, ni lui ajouter quoi que ce soit est beau. Ce serait l'harmonie la plus parfaite, la plus accomplie. (…)

À l'heure actuelle, un siège n'est pas seulement supposé permettre que l'on s'y repose, mais aussi que l'on s'y repose r a p i d e m e n t. *Time is money.* Le repos a ainsi dû se spécialiser. Un travail intellectuel requiert un repos dans une autre position qu'une activité de plein air. Le repos diffère après la gymnastique ou après l'équitation, après la bicyclette ou après la rame. Plus encore, le degré de fatigue exige une technique de repos spécifique. Afin d'accélérer le repos, plusieurs situations d'assise doivent ainsi être appliquées successivement, impliquant diverses positions du corps et installations. N'avez-vous jamais ressenti le besoin, en particulier après une fatigue intense, de passer une jambe par-dessus l'accoudoir d'un fauteuil ? Cette position est extrêmement inconfortable en soi, mais procure parfois un véritable bienfait. En Amérique, chacun peut profiter à tout moment de ce bienfait car personne n'y juge inconvenant de s'asseoir confortablement et, partant, de se reposer rapidement. L'on peut même y étendre les pieds sur une table qui ne sert pas aux repas. À l'inverse, on considère chez nous le confort de son prochain comme injurieux. D'aucuns peuvent également s'exaspérer si l'on ose étendre les pieds sur la banquette opposée ou même s'allonger dans le compartiment d'un train. »

Adolf Loos, « Assis ! » (1898) Sämtliche Schriften, Bd. 1, Wien 1962, S. 48, 50 f.

92 Wohnung Leopold Goldman, Kaminnische, 1911

93 Elefantenrüsseltisch der Firma F. O. Schmidt,
Nussholz und Kacheln, Beine mit Messingstulpen, um 1910

94 Liegefauteul (Knieschwimmer),
Ausführung: F. O. Schmidt, 1905 – ca. 1930

95 HAUS HELENE HORNER Wien 13, Nothartgasse 7, 1912

Im schwierigen Gelände von Unter St. Veit (die Vorgabe des niedrigen Bauens erschwerte die Aufgabe des Architekten) steht dieses mit billigsten Mitteln gebaute Haus. Die ungewöhnliche Dachform – ein blechüberzogenes tiefreichendes Halbrunddach – lässt nicht ahnen, dass es einen rund zehn Meter hohen Kubus bedeckt. Loos verzichtete bei diesem Bau auf die tragende Mittelmauer sowie auf die Wohnhalle und er reduzierte die Terrasse auf ein Minimum.

The difficult terrain of Unter St. Veit (the necessity for a low building made the architect's task more difficult) is the location for this house, built of the cheapest materials. The unusual roof design – a lead-clad plunging semicircular roof – gives no hint that it covers a cube of around ten metres in height. With this building, Loos left out the load bearing middle wall and the living hall and reduced the terrace to a minimum.

Nella difficile zona di Unter St. Veit (l'obbligo di realizzare costruzioni basse complicava il lavoro dell'architetto) si trova questa casa costruita con i materiali più economici. La forma inusuale del tetto, un semicerchio rivestito in lamiera che scende a coprire parte delle pareti, non lascia immaginare che sotto di esso si celi un cubo alto circa dieci metri. In questa costruzione Loos ha rinunciato alla parete portante interna e al salone e ha ridotto al minimo il terrazzo.

Cette maison bâtie avec les moyens les plus économiques se situe dans la région difficile d'Unter St. Veit (l'obligation d'une construction basse a compliqué la tâche de l'architecte). La forme inhabituelle du toit, un demi-cercle au recouvrement d'acier qui se prolonge profondément, ne saurait laisser deviner qu'il surmonte un cube d'une hauteur de quelque dix mètres. Loos a renoncé dans cette construction aux murs médians porteurs et à la salle de séjour et il a réduit la terrasse au strict minimum.

96 Haus Horner, Fassade zur Straße

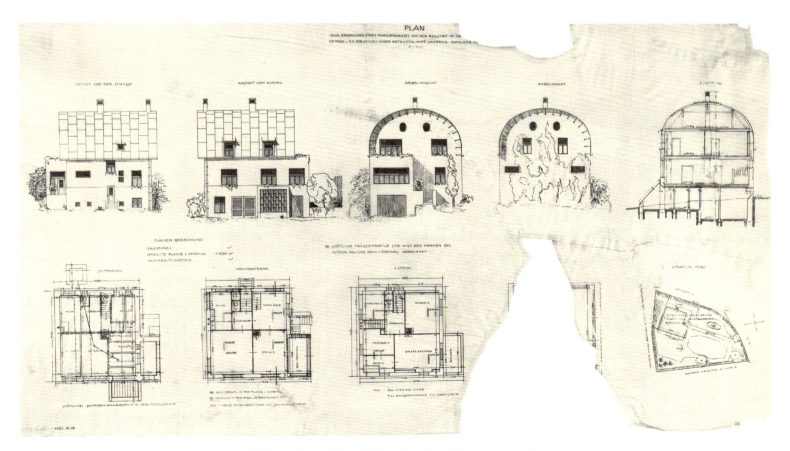

97 Haus Horner, Einreichplan, Tusche auf Transparentpapier

98 Haus Horner, Ansicht vom Garten

99 HAUS DR. GUSTAV UND HELENE SCHEU Wien 13, Larochegasse 3, 1912/13

100 Haus Scheu, Fenster an der Straßenseite

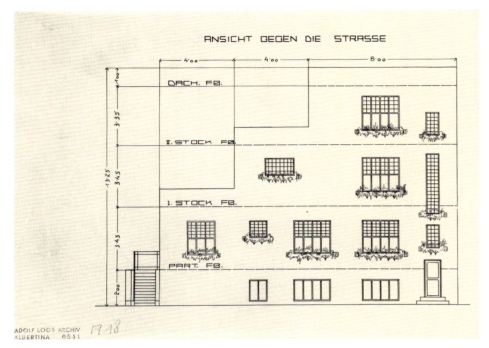

101 Haus Scheu, Einreichplan, Nordfassade;
Tusche auf Papier

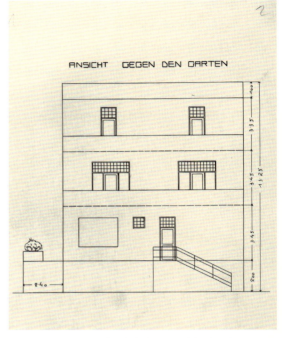

102 Haus Scheu, Einreichplan, Ansicht der Terrassen;
Tusche auf Papier

1912 baut Loos dieses Haus, das mit seiner geschoßweise zurückspringenden Bauweise das erste Terrassenhaus Mitteleuropas wurde. Im Parterre besteht die Inneneinrichtung aus fest eingebautem Mobiliar in dunkler mattierter Eiche. Dieses Holz verwendet er auch für die Wandverkleidung und die Deckenbalken. Wie beim Haus am Michaeler Platz kommt es auch bei dieser Villa zu schweren Auseinandersetzungen mit der Baubehörde, da auch hier die Fassade völlig glatt war. Mussten beim Haus am Michaeler Platz Blumenkästen unter den Fenstern montiert werden („Das Haus ohne Augenbrauen"), verpflichtete man Dr. Gustav Scheu, die Fassade des Hauses bewachsen zu lassen.

Loos built this house in 1912. With its structure which recedes with each storey, it was the first terrace-plan house in central Europe. The interior design of the ground floor includes built-in furniture in dark, matt-finish oak. He also used this wood for the wall cladding and ceiling beams. Like the Michaeler Platz house, this house also caused some difficult arguments with the planning authorities, as in this case, too, the façade was completely smooth. It was necessary to install window boxes under the windows of the Michaeler Platz house ("the house without eyebrows"), while Dr Gustav Scheu was obliged to grow plants up the façade of his house.

Nel 1912 Loos realizza questa casa, che diventa la prima casa a terrazza della Mitteleuropea per la sua costruzione rientrante di piano in piano. Al pianterreno l'arredamento interno è costituito da mobili incassati in legno di quercia scuro e opaco. Lo stesso legno viene utilizzato anche nel rivestimento delle pareti e nelle travi a soffitto. Come per la casa sulla Michaeler Platz, anche per questa villa Loos deve combattere con l'ispettorato all'edilizia, poiché anche qui la facciata è completamente liscia. Mentre per la casa sulla Michaeler Platz il problema viene risolto montando fioriere sotto le finestre («La casa senza sopracciglia»), per la casa del Dr. Gustav Scheu l'ispettorato impone di far crescere dei rampicanti sulla facciata.

C'est en 1912 que Loos crée cette maison, qui fut par son mode de construction en retrait au niveau d'un étage la première maison à terrasse d'Europe centrale. Au rez-de-chaussée, l'aménagement intérieur est constitué d'un mobilier encastré de chêne sombre maté. Il utilise également cette essence pour le revêtement des murs et les poutres du plafond. À l'instar de la maison de la Michaeler Platz, cette villa donne naissance à de profondes dissensions avec l'administration de l'urbanisme car la façade est une fois encore parfaitement lisse. Alors que des jardinières ont dû être installées sous les fenêtres de la maison de la Michaeler Platz (« La maison sans sourcils »), le docteur Gustav Scheu a été contraint de laisser la végétation recouvrir la façade.

103 Haus Scheu, Blick auf das Haus

„Vor jahren baute ich die villa des Dr. Gustav Scheu in Hietzing. Sie erregte allgemeines kopfschütteln. Man meinte, dass eine solche bauweise wohl in Algier am platze wäre, nicht aber in Wien. Ich hatte bei diesem entwurf nicht im entferntesten an den orient gedacht. Ich meinte nur, dass es von großer annehmlichkeit wäre, von den schlafräumen (…) eine große gemeinschaftliche terrasse betreten zu können. Überall, sowohl in Algier wie in Wien. Also diese terrasse, die sich im zweiten stockwerk (…) noch einmal wiederholte, war das ungewohnte, außergewöhnliche."*)

"Years ago I built a villa for Dr. Gustav Scheu in Hietzing. It elicited general head-shaking. The opinion was that a building like that would be appropriate to Algiers but not to Vienna. I had not the slightest thought of the orient when I designed it. I was simply of the opinion that it would be advantageous to be able to go from the bedrooms (…) to a big common terrace. Everywhere, in Algiers and as well as Vienna. So it was this terrace on the second floor (…) repeated, is what was unusual, exceptional."*)

«Anni addietro costruii la villa del Dr. Gustav Scheu a Hietzing. La reazione fu un generale scuoter di capo. Si riteneva che un simile modo di costruire fosse adatto ad Algeri, non certo a Vienna. Quando la progettai non pensavo neppure lontanamente all'Oriente. Pensavo soltanto alla grande comodità di poter accedere dalle camere da letto (…) a una grande terrazza comune. Ovunque, ad Algeri come a Vienna. Dunque questa terrazza, che si ripeteva anche al secondo piano (…), era la cosa inusuale, straordinaria.»*)

« J'ai construit il y a quelques années la villa du docteur Gustav Scheu à Hietzing. Elle a suscité un étonnement généralisé. De l'avis commun des observateurs, un tel édifice aurait certainement sa place à Alger, mais pas à Vienne. Je n'avais pas pensé le moins du monde à l'Orient dans le cadre de ce projet. J'avais simplement eu l'impression qu'il serait particulièrement agréable de pouvoir accéder depuis les chambres à coucher (…) à une grande terrasse commune. Aussi bien à Alger qu'à Vienne. Cette terrasse, donc, au deuxième étage (…), je le répète une nouvelle fois, constituait l'élément inhabituel, exceptionnel. »*)

*) Adolf Loos, „Eine neue Hausform: Terrassenhaus. Das Grand-Hotel Babylon", in: Die neue Wirtschaft, Wien, 1. Jg., 20. 12. 1929, S. 10.

104 Haus Scheu, Ansicht vom Garten

„Der weg der kultur ist ein weg vom ornament weg zur ornamentlosigkeit. Evolution der kultur ist gleichbedeutend mit dem entfernen des ornamentes aus dem gebrauchsgegenstande. Der papua bedeckt alles, was ihm erreichbar ist, mit ornamenten, von seinem antlitz und körper bis zu seinem bogen und ruderboot. Aber heute ist die tätowierung ein degenerationszeichen und nur mehr bei verbrechern und degenerierten aristokraten im gebrauch. Und der kultivierte mensch findet, zum unterschied vom papuaneger, ein untätowiertes antlitz schöner als ein tätowiertes, und wenn die tätowierung von Michelangelo oder Kolo Moser selbst herrühren sollte. Und der mensch des neunzehnten jahrhunderts will nicht nur sein antlitz, sonder auch seinen koffer, sein kleid, seinen hausrat, seine häuser vor den künstlich erzeugten neuen papuas geschützt wissen!
Die gotik? Wir stehen höher als die menschen der gotik. Die Renaissance?! Wir stehen höher. Wir sind feiner und edler geworden. Uns fehlen die robusten nerven, die dazu gehören, um aus einem elfenbeinhumpen zu trinken, in den eine amazonenschlacht eingeschnitten ist. Alte techniken sind uns verloren gegangen? Gott sei dank. Wir haben dafür die sphärenklänge Beethovens eingetauscht. Unsere tempel sind nicht mehr wie der Parthenon blau, rot, grün und weiß angestrichen. Nein, wir haben gelernt, die schönheit des nackten steines zu empfinden. (…)
Und der maurermeister, der baumeister erhielt einen vormund. Der baumeister konnte nur häuser bauen: im stile seiner zeit. Aber der, der in jedem vergangenen stile bauen konnte, der, der aus dem kontakt mit seiner zeit gekommen war, der entwurzelte und verbogene, er wurde der herrschende mann, er, der architekt.
Der handwerker konnte sich nicht viel um bücher kümmern. Der architekt bezog alles aus den büchern. Eine ungeheure literatur versorgte ihn mit allem wissenswerten. Man ahnt nicht, wie vergiftend diese unzahl von geschickten verlegerpublikationen auf unsere stadtkultur gewirkt, wie sie jede selbstbesinnung verhindert hat. Ob der architekt sich die formen so eingeprägt hatte, dass er sie aus dem gedächtnisse nachzeichnen konnte oder ob er das vorlagewerk während seines ‚künstlerischen schaffens' vor sich liegen haben musste, kam auf eins heraus. Der effekt war immer derselbe. Es war immer ein greuel. Und dieser greuel wuchs ins unendliche. Ein jeder war bestrebt, seine sache in neuen publikationen verewigt zu sehen, und eine große zahl architektonischer blätter kam dem eitelkeitsbedürfnis der architekten entgegen. Und so ist es geblieben bis zum heutigen tage.
Aber der architekt hat den bauhandwerker auch aus einem anderen grunde verdrängt. Er lernte zeichnen und da er nichts anderes lernte, so konnte er es. Das kann der handwerker nicht. Seine hand ist schwer geworden. Die risse der alten meister sind schwerfällig, jeder baugewerbeschüler kann es besser. Und erst der sogenannte flotte darsteller, der von jedem architektenbureau gesuchte und hoch bezahlte mann!
Die baukunst ist durch den architekten zur graphischen kunst herabgesunken. Nicht der erhält die meisten aufträge, der am besten bauen kann, sondern der, dessen arbeiten sich auf dem papier am besten ausnehmen. Und diese beiden sind antipoden. (…)
Der beste zeichner kann ein schlechter architekt, der beste architekt kann ein schlechter zeichner sein. Schon bei der berufswahl zum architekten wird das talent zur graphischen kunst verlangt. Unsere ganze neue architektur ist am reißbrett erfunden und die so entstandenen zeichnungen werden plastisch dargestellt, ähnlich wie man im panoptikum gemälde stellt.

105 Haus Scheu, Kaminnische, Vertäfelung mit mattiertem Eichenholz

Den alten meistern aber war die zeichnung nur ein mittel, um sich dem ausführenden handwerker verständlich zu machen. Wie sich der dichter durch die schrift verständlich machen muss. Aber wir sind noch nicht so kulturlos, dass wir einen knaben mit kalligraphischer handschrift die dichterei erlernen ließen. (…)

Heute aber herrscht der flotte darsteller. Nicht mehr das handwerkszeug schafft die formen, sondern der bleistift. Aus der profilierung eines bauwerkes, aus der art seiner ornamentierung kann der beschauer entnehmen, ob der architekt mit bleistift nummer 1 oder bleistift nummer 5 arbeitet. Und welche fürchterliche geschmacksverheerung hat der zirkel auf dem gewissen! Das punktieren mit der reißfeder hat die quadratseuche erzeugt. Keine fensterumrahmung, keine marmorplatte bleibt im maßstab 1 : 100 unpunktiert und maurer und steinmetz müssen den graphischen unsinn im schweiße ihres angesichts auskratzen und abstocken. Ist dem künstler zufällig tusche in die reißfeder gekommen, so wird auch der vergolder bemüht.

Ich aber sage: ein rechtes bauwerk macht im bilde, auf die fläche gebracht, keinen eindruck. Es ist mein größter stolz, dass die innenräume, die ich geschaffen habe, in der photographie vollständig wirkungslos sind. (…) Auf die ehre, in den verschiedenen architektonischen zeitschriften veröffentlicht zu werden, muss ich verzichten. Die befriedigung meiner eitelkeit ist mir versagt.

Und so ist mein wirken vielleicht wirkungslos. Man kennt nichts von mir. Da aber zeigt sich die kraft meiner ideen und die richtigkeit meiner lehre. Ich, der unveröffentlichte, ich, dessen wirken man nicht kennt, ich bin der einzige von den tausenden, der wirklichen einfluß besitzt. Ich kann mit einem beispiel dienen. Als es mir zum ersten male vergönnt war, etwas zu schaffen – es war schwer genug, da, wie ich sagte, arbeiten in meinem sinne graphisch nicht dargestellt werden können – da wurde ich arg angefeindet. Es war vor zwölf jahren: das café Museum in Wien. Die architekten nannten es das ‚café nihilismus'. Aber das café Museum besteht heute noch, während alle die modernen tischlerarbeiten der tausend andern schon längst in die rumpelkammer geworfen wurden. Oder sie haben sich dieser arbeiten zu schämen. Und dass das café Museum mehr einfluss auf unsere heutige tischlerarbeit gehabt hat als alle vorherigen arbeiten zusammen, das kann ihnen ein blick in den jahrgang 1899 der münchner ‚dekorativen kunst' zeigen, in welcher zeitschrift dieser innenraum – ich glaube, er gelangte durch ein versehen der redaktion hinein – reproduziert wurde. Aber diese beiden photographischen reproduktionen waren es nicht, die damals den einfluss ausmachten – sie blieben vollständig unbeachtet. Nur die kraft des beispieles hat einfluss gehabt. (…)

Es gibt gar viele dinge, die den stil des zwanzigsten jahrhunderts in reiner form zeigen. Das sind jene, deren erzeugern die verbogenen nicht als vormünder eingesetzt wurden. Solche erzeuger sind vor allem die schneider. Solche sind die schuhmacher, die taschner und sattler, solche sind die wagenbauer, die instrumentenmacher und alle, alle jene, die nur darum der allgemeinen entwurzelung entgingen, weil ihr handwerk den kulturlosen nicht vornehm genug erschien, es ihrer reformen teilhaftig werden zu lassen. Welches glück! Aus diesen resten, die mir die architekten gelassen haben, konnte ich vor zwölf jahren die moderne tischlerei rekonstruieren, jene tischlerei, die wir besäßen, wenn die architekten nie ihre nase in die tischlerwerkstätte hineingesteckt hätten. Denn nicht wie ein künstler bin ich an die aufgabe getreten, frei schaffend, der phantasie freien spielraum lassend. So ähnlich drückt man sich wohl in künstlerkreisen aus. Nein. Sondern zaghaft wie ein lehrling ging ich in die werkstätten,

106 Haus Scheu, Kaminnische

ehrfürchtig sah ich zu dem mann mit der blauen schürze empor. Und bat: lass mich deines geheimnisses teilhaftig werden. Denn schamhaft vor den blicken der architekten verborgen lag noch manches stück werkstatt-tradition. Und als sie meinen sinn erkannten, als sie sahen, dass ich nicht einer bin, der ihr geliebtes holz auf grund von reißbrettphantasien verunstalten will, als sie sahen, dass ich die edle farbe ihres ehrfürchtig verehrten materials nicht mit grünen oder violetten beizen schänden will, da kam ihr stolzes werkstattbewusstsein an die oberfläche und ihre sorgsam verborgene tradition kam zum vorschein und ihr hass gegen ihre bedrücker machte sich luft. Und ich fand die moderne wandverkleidung in den paneelen, die den wasserkasten des alten waterclosets verbergen, ich fand die moderne ecklösung bei den kassetten, in denen die silberbestecke aufbewahrt wurden, ich fand schloss und beschläge beim koffer- und klaviermacher. Und ich fand das wichtigste: dass der stil vom jahre 1900 sich vom stile des jahres 1800 nur so weit unterscheidet, als sich der frack vom jahre 1900 vom frack des jahres 1800 unterscheidet. (…)

Als mir nun endlich die aufgabe zu teil wurde, ein haus zu bauen, sagte ich mir: Ein haus kann sich in der äußeren erscheinung höchstens wie der frack verändert haben. Also nicht viel. Und ich sah, wie die alten bauten, und sah, wie sie sich von jahrhundert zu jahrhundert, von jahr zu jahr vom ornamente emanzipierten. Ich musste daher dort anknüpfen, wo die kette der entwicklung zerrissen wurde. Eines wusste ich: ich musste, um in der linie der entwicklung zu bleiben, noch bedeutend einfacher werden. (…) Unauffällig muss das Haus aussehen. Hatte ich nicht einmal den satz geprägt: modern gekleidet ist der, der am wenigsten auffällt. Das klang paradox. Aber es fanden sich brave menschen, die diesen wie so viele andere meiner paradoxen einfälle sorgfältig aufhoben und von neuem drucken ließen. Das geschah so oft, dass die leute sie schließlich für wahr hielten. (…)

Da es geschmackvolle und geschmacklose gebäude gibt, so nehmen die menschen an, dass die einen von künstlern herrühren, die anderen von nichtkünstlern. Aber geschmackvoll bauen ist noch kein verdienst, wie es kein verdienst ist das messer nicht in den mund zu stecken oder sich des morgens die zähne zu putzen. Man verwechselt hier kunst und kultur. Wer kann mir aus vergangenen epochen, also aus kultivierten zeiten, eine geschmacklosigkeit nachweisen? Die häuser des kleinsten maurermeisters in der provinzstadt hatten geschmack. Freilich gab es große und kleine meister. Den großen meistern waren die großen arbeiten vorbehalten. Die großen meister hatten dank ihrer hervorragenden bildung einen innigeren kontakt mit dem weltgeist als die anderen.

Die architektur erweckt stimmungen im menschen. Die aufgabe des architekten ist es daher, die stimmung zu präzisieren. Das zimmer muss gemütlich, das haus wohnlich aussehen. Das justizgebäude muss dem heimlichen laster wie eine drohende gebärde erscheinen. Das bankhaus muss sagen: hier ist dein geld bei ehrlichen leuten fest und gut verwahrt.

Der architekt kann das nur erreichen, wenn er bei jenen gebäuden anknüpft, die bisher im menschen diese stimmung erzeugt haben. Bei den Chinesen ist die farbe der trauer weiß, bei uns schwarz. Unseren baukünstlern wäre es daher unmöglich, mit schwarzer farbe freudige stimmung zu erregen.

Wenn wir im walde einen hügel finden, sechs schuh lang und drei schuh breit, mit der schaufel pyramidenförmig aufgerichtet, dann werden wir ernst, und es sagt etwas zu uns: Hier liegt jemand begraben. *Das ist architektur.*"

Adolf Loos, „Architektur" (1910) in: ders., Sämtliche Schriften, Bd. 1, Wien 1962, S. 317 f.

107 Haus Scheu, Blick in den Wohnraum

"The path of culture is a movement away from ornament towards lack of ornament. The evolution of culture is synonymous with the removal of ornamentation from everyday articles. The papua Indian covers everything which comes within reach with ornamentation, from his face and body to his bow and boat. But these days tattooing is a sign of degeneration and only used by delinquents and degenerate aristocracy. And the cultivated person, so different from the Papuan, finds an un-tattooed face more beautiful than a tattooed one, even if the tattooing were done by Michelangelo or Kolo Moser themselves. And the person of the nineteenth century wants to know that not only his face, but also his suitcase, his clothes, his household objects, his houses, are protected from the new artistic kind of papuas.

Gothic? We stand above those of the Gothic era. The Renaissance? We stand above them. We have become finer and more noble. We do not have the strong nerves needed to drink from an ivory mug into which a battle with the amazons has been carved. We have lost the old skills? Thank god. In exchange we have Beethoven's music of the spheres. Our temples are no longer painted blue, red, green and white like the parthenon. No. We have learned to feel the beauty of the bare stone. (…)

And the mason, the master builder, got a guardian. The master builder could only build houses – in the style of his era. But he who could build in any style of the past, who had lost contact with his time, the uprooted and concealed, he was to become the ruling man, he, the architect.

The craftsman could not spend a lot of time with books. The architect got everything out of books. An immense literature supplied him with everything worth knowing. One had no inkling of how poisonous the enormous number of clever publisher's products would work on the culture of our cities, of how they prevented any form of contemplation. Whether the architect had memorized the forms so he could retrieve them as needed or whether the publication lay before him during his period of 'artistic creativity,' the result was the same. It was always an atrocity. An this atrocity grew infinitely. Each one endeavoured to have his thing immortalised in a new publication and a great number of the architectural publications complied with the vanity of architects themselves. And it has remained so to this day.

But architects crowded the building craftsman out for other reasons as well. He learned to draw and since he learned nothing else he was good at it. The craftsman cannot do this. His hand has become heavy. The sketches from an old master craftsman are ponderous, any student of the building trade could do better. To say nothing of the so-called dashing draughtsman, the highly paid man sought after by every architect's office!

The art of building has sunk to the level of a graphic art because of architects. The person who gets the greatest number of commissions is not the one who can build best but the one whose work looks best on paper. Those two are exact opposites. (…)

The best draughtsman can be a bad architect, the best architect, a bad draughtsman. A talent for graphic art is demanded as a prerequisite for being an architect. All our new architecture is invented at the drawing board and the drawings originating here are then made plastic, in about the same way as paintings are used in a panorama.

For the old masters drawing was only a means of helping the craftsmen involved to understand. Just as poets make themselves understood by means of writing. But we are not quite so lacking in culture that we let a youth with a calligraphic handwriting learn to become a poet. (…)

Nowadays the dashing draughtsman rules the roost. It is no longer hand tools which create forms but the pencil. From a building's profile, from the kind of ornamentation, the viewer can infer whether the architect worked with a number 1 pencil or a number 5. And what terrible devastations of taste does the compass have on its conscience! The dotting with the ruling pen has generated a plague of squares. No window border or marble slab is unmarked at a scale of 1:100. Mason and stonemason have to scratch out and chisel out this graphic nonsense with the sweat of their brows. And if Indian ink has flowed into the artist's ruling pen by accident, then the gilder will also be called upon.

But I say: a proper building does not impress you as a flat image. It is my greatest pride that the interior I have created is completely unimpressive in a photograph. (...) I have to give up the honour of being published in the various architectural magazines. I am denied giving satisfaction to my vanity.

And thus my influence has perhaps no influence. Nobody knows anything about me. But that shows the strength of my ideas and the correctness of my teachings. I, the unpublished; I, whose influence no-one knows of; I am the one among thousands who is really influential. I can give you an example. The first time I was permitted to create something, that was difficult enough because, as I have said, to work as I do means nothing can be graphically depicted – and it was then that I engendered animosity. It was twelve years ago – café Museum in Vienna. The architects called it 'café nihilism.' But café Museum is still there to this day after all the modern cabinet making from the thousand others has long been thrown in the junk-room. Or they have to be ashamed of the work. A glance in the 1899 edition of the munich 'dekorativer kunst' will show that café Museum had more influence on contemporary cabinet making than all the previous work together. The interior was reproduced there – I think the photographs got in there due to an editorial mistake. But it was not the two photographs shown there that were influential at the time – they went completely unnoticed. It was only the power of example that had any influence. (...)

There are very many things which show the twentieth century style in its purest form. They are those whose producers have not used the hidden ones as guardians. Producers of this nature are, above all, tailors. They are shoemakers, bag makers and saddle makers; they are carriage makers, instrument makers and those, all those, who escaped the general uprooting because their craft did not appear noble enough to the cultureless for them to partake of the reforms. What luck! Twelve years ago, from the remains of what the architects left me I was able to reconstruct a modern cabinetmaker's workshop, the kind of workshop we would have owned if the architects had never have stuck their nose in the door. I did not approach the task as an artist, freelance, giving free reign to my fantasy. That is more or less how you express it in artistic circles. No. I went into the workshop hesitantly, like an apprentice, looking reverently up to the man in the blue apron. And I asked him – let me partake of your secrets. Because, shamed by the gaze of the architect, there still lay a few pieces of hidden workshop tradition. And when they realised my intentions, when they saw that I did not want to transform their beloved wood on the basis of some drawing board fantasy, when they saw that I did not want to defile the noble colour of their reverentially admired material with green or violet dye, their proud workshop awareness came to the fore and their carefully hidden tradition appeared and they gave vent to their hate of their oppressors. And I found the modern wall covering in the panelling being used to hide an old toilet cistern, I found the modern solution for a corner storage containers for silver cutlery, I found lock and fitting at the luggage and piano maker. And I found the most important thing: the style of 1900 only differs from the style of 1800 as much as the tailcoat from 1900 differs from that of 1800. (...)

When I finally got a commission to build a house I said to myself, the exterior appearance of a house can only have changed in the same way as a tailcoat. That is, not much. And I looked at old buildings and saw how they had emancipated themselves from ornament from century to century and from year to year. So I had to connect up there, where the chain of development had broken. I knew one thing – in order to continue the line of development, I would have to become noticeably more simplified (...) The house would have to look inconspicuous. Did I not once say – he who is least conspicuous is the most modern. It sounded like a paradox. But there were courageous people who had carefully retained these and many of my others paradoxical ideas and had them re-printed. That has happened so often until people finally believed them to be true. (...)

Since there are tasteful and tasteless buildings, people assume that the former are by artists and others by non-artists. But building tastefully is not meritorious in the same way it is not meritorious to refrain from putting your knife in your mouth or to clean your teeth in the morning. One is confusing art with culture here. Who can show me a piece of tastelessness from past epochs, that is, from cultivated times? The houses from the most minor master mason in the province have taste. Certainly there were great masters and minor ones. The great works were reserved for the great masters. The great masters, thanks to their excellent education, had more intimate contact with the spirit of the world than the others.

Architecture awakens moods in people. The task of the architect is, therefore, to make that mood more precise. The room has to look comfortable, the house has to look cosy. The palace of justice has to appear to the secret vices as a threatening gesture. The bank has to say: here your money is being carefully looked after by honest people.

The architect can only achieve that if he makes a connection with buildings which have produced those feelings in people up till now. For the Chinese the colour of mourning is white, for us it is black. Thus our building artists would find it impossible to generate happy feelings with the colour black.

If we find a mound in the woods six feet long and three feet wide made in the form a pyramid with a shovel, then we will become solemn and it says something to us: someone is buried here: *That is architecture.*"

Adolf Loos, "Architecture," (1910) in: ders., Sämtliche Schriften, Bd. 1, Wien 1962, S. 317 f.

108 Haus Scheu, Musikzimmer, Aufgang in das Obergeschoß. Der Luster besteht aus einem Messingring und frei hängenden Glühlampen

«La via della civiltà è una via che si allontana dagli ornamenti per condurre all'assenza di ornamento! Evoluzione civile è sinonimo di eliminazione dell'ornamento dall'oggetto d'uso. Il papua ricopre di ornamenti tutto ciò che è alla sua portata, dal suo volto e dal suo corpo al suo arco e alla sua barca a remi. Oggi però il tatuaggio è un segno di degenerazione ed è in uso soltanto presso i delinquenti e gli aristocratici degenerati. E l'uomo civile, a differenza dell'abitante della papuasia, trova un volto non tatuato più bello di un volto tatuato, anche se il tatuaggio fosse opera dello stesso Michelangelo o di Kolo Moser. E l'uomo del secolo diciannovesimo vuole che siano difesi dai nuovi papua prodotti artificialmente non solo il suo volto, ma le sue valigie, i suoi vestiti, le sue suppellettili, le sue case!

Il gotico? Noi siamo più in alto degli uomini del periodo gotico. Il Rinascimento? Noi siamo più in alto. Noi siamo diventati più esigenti e più nobili. Ci manca quella saldezza di nervi che occorre per bere in un boccale d'avorio sul quale è intagliato un combattimento di amazzoni. Le vecchie tecniche sono andate perdute? Grazie a dio. Le abbiamo sostituite con le armonie celesti di Beethoven. I nostri templi non sono più come il partenone dipinti in rosso, blu, verde e bianco. No, noi abbiamo imparato a sentire la bellezza della nuda pietra. (...)

Il capomastro, il costruttore, ricevettero così un tutore. Il capomastro sapeva costruire soltanto case: nello stile del suo tempo. Ma chi poteva costruire in qualsiasi stile del passato, chi aveva perduto ogni legame con il proprio tempo, costui, sradicato e distorto, divenne il dominatore, lui, l'architetto.

L'artigiano non poteva occuparsi molto di libri. L'architetto attingeva tutto dai libri. Una letteratura immensa lo provvide di tutto ciò che era importante sapere. Non si ha idea della quantità di veleno che abili pubblicazioni riversano sulla nostra civiltà urbana, di quanto esse abbiano impedito ogni presa di coscienza. Che l'architetto avesse impresso nella sua mente le forme in modo da poterle disegnare a memoria, o che dovesse tenersi davanti il modello durante la sua ‹creazione artistica›, il risultato era identico. L'effetto era sempre lo stesso. Era sempre un orrore. E questo orrore crebbe all'infinito. Ognuno aspirava a vedere eternamente le sue cose in nuove pubblicazioni e così un gran numero di riviste di architettura venne incontro alla vanità degli architetti. E la situazione è rimasta tale e quale fino ai nostri giorni.

Ma l'architetto ha soppiantato il capomastro anche per un altro motivo. Ha imparato a disegnare e ha potuto farlo perché non ha imparato nient'altro. L'artigiano invece non sa farlo. La sua mano è diventata goffa. Le piante disegnate dagli antichi maestri sono pesanti, qualsiasi allievo della scuola di architettura saprebbe farle meglio. E così appare il cosiddetto libero interprete, l'uomo richiesto da ogni studio di architettura e pagato profumatamente!

L'architettura è scaduta ad arte grafica per colpa degli architetti. Non colui che sa costruire meglio riceve il maggior numero di commissioni, ma chi sa presentare meglio i suoi lavori sulla carta. E questi due tipi stanno agli antipodi. (...)

Il miglior disegnatore può essere un cattivo architetto, il miglior architetto può essere un cattivo disegnatore. Già nella scelta della professione di architetto viene richiesto il talento per l'arte grafica. Tutta la nostra nuova architettura è inventata alla tavola da disegno, e i disegni che ne risultano trovano poi una rappresentazione plastica, come i quadri al museo delle cere.

Per gli antichi maestri invece il disegno era soltanto un mezzo per farsi capire dall'artigiano esecutore. Come il poeta deve farsi intendere per mezzo della scrittura. Tuttavia non siamo ancora così incivili da insegnare a un ragazzo la poesia attraverso la calligrafia. (...)

Oggi però domina il libero interprete. A determinare le forme dell'architettura non è più lo strumento di quell'arte, ma la matita. Dalle modanature di un edificio, dai suoi ornamenti, l'osservatore può desumere se l'architetto lavora con la matita numero 1 o numero 5.

E quali effetti devastanti sul gusto ha sulla coscienza il compasso! La linea tratteggiata fatta con il tiralinee ha prodotto l'epidemia del quadrato. Non c'è cornice di finestra, non c'è lastra di marmo che non sia tratteggiata in scala 1 : 100; tocca poi al muratore e allo scalpellino di incidere o bocciardare questa follia grafica con il sudore della fronte. Se per caso il tiralinee dell'artista è caricato con inchiostro colorato, si scomoda anche il doratore.

Io affermo invece: una vera architettura non può essere resa con efficacia da un disegno che la rappresenta su una superficie. È il mio più grande motivo di orgoglio che gli spazi interni creati da me non facciano alcun effetto in fotografia. (...) Devo quindi rinunciare all'onore di vedermi pubblicato nelle varie riviste di architettura. Mi è negato così di soddisfare la mia vanità.

Per questo forse la mia azione resta inefficace. Di me non si conosce nulla. Ma qui si mostra la forza delle mie idee e la giustezza del mio insegnamento. Io, l'impubblicato, io, la cui opera non è conosciuta, io sono l'unico dei mille architetti che eserciti una reale influenza. Posso servirmi di un esempio. Quando mi fu concesso per la prima volta di fare qualcosa – fu abbastanza difficile, perché, come ho detto, i lavori come li concepisco io non possono essere rappresentati graficamente – fui aspramente criticato. Avvenne dodici anni or sono: il café Museum a Vienna. Gli architetti lo chiamarono ‹café nihilismus›. Tuttavia il café Museum esiste ancora oggi, mentre tutti i moderni lavori da mobiliere degli altri mille architetti sono già stati gettati in soffitta da gran tempo. Oppure essi si devono vergognare oggi di questi lavori. E che il café Museum abbia avuto più influenza sulla nostra produzione di mobili di tutti i lavori precedenti messi assieme ve lo può confermare uno sguardo all'annata 1899 della ‹dekorative kunst› di monaco, dove fu riprodotto questo interno – credo che se così avvenne fu per una svista della redazione. Ma non furono quelle due riproduzioni fotografiche a esercitare allora un influsso – passarono completamente inosservate. Soltanto la forza dell'esempio ha esercitato la sua influenza. (…)

Vi sono moltissime cose che mostrano nella sua forma pura lo stile del ventesimo secolo. Sono quelle cose ai cui autori non furono imposti come tutori quelle menti distorte. Tali autori sono soprattutto i sarti. Ma anche i calzolai, i valigiai, i sellai, i carrozzieri, i costruttori di strumenti e tutti, tutti quelli che furono risparmiati dallo sradicamento generale soltanto perché il loro mestiere non sembrò abbastanza distinto agli incivili da poter partecipare alle riforme da loro dettate. Che fortuna! Servendomi di questi resti lasciatimi dagli architetti, ho potuto ricostruire dodici anni fa la moderna arte dei mobili, quell'arte che possederemmo già saldamente se gli architetti non avessero cacciato il naso nei laboratori dei mobilieri. Infatti non ho assolto il mio compito come un artista, creando liberamente e lasciando libero corso alla fantasia. È proprio così che ci si esprime nei circoli artistici. No. Io invece entrai nei laboratori timido come uno scolaro, rispettoso osservavo l'uomo dal grembiule blu. E lo pregavo: fammi partecipe dei tuoi segreti! Giacché, schiva, si celava allo sguardo degli architetti ancora gran parte della tradizione artigianale. E quando essi lessero il mio pensiero, quando si accorsero che non ero uno che voleva manipolare il loro amato legno fantasticandoci sopra a tavolino, quando videro che non intendevo profanare il nobile colore del materiale da loro tanto onorato verniciandolo di verde o di violetto, allora emerse la loro fiera coscienza d'artigiani e si manifestò apertamente la loro tradizione custodita con ogni cura, e il loro risentimento contro gli oppressori poté infine aver libero sfogo. E io inventai il moderno rivestimento in pannelli di legno che copre le cassette idrauliche dei vecchi water-closets, trovai la moderna soluzione d'angolo per i cassetti dove si tengono le posate d'argento e trovai serrature e borchie dal fabbricante di bauli e di pianoforti. E trovai la cosa più importante: cioè che lo stile del 1900 si differenzia da quello del 1800 soltanto nella misura in cui il frac del 1900 si distingue dal frac del 1800. (…)

109 BUCHHANDLUNG MANZ, aquarellierte Bleistiftzeichnung zum Vorprojekt, 1912

Quando finalmente mi toccò il compito di costruire una casa, mi dissi: l'esterno della casa può essersi trasformato al massimo come il frac. Dunque non molto. E vedevo come avevano costruito gli antichi, e vedevo come essi, di secolo in secolo, di anno in anno, si erano emancipati dall'ornamento. Io dovevo perciò agganciarmi al punto in cui la catena dello sviluppo era stata spezzata. Sapevo una cosa: per restare nel solco di questo sviluppo dovevo diventare ancora molto più semplice. (…) La casa non deve dar nell'occhio. Non avevo coniato una volta il motto: è vestito in modo moderno chi dà meno nell'occhio? Sembrò un paradosso. Ma vi furono delle brave persone che annotarono diligentemente queste mie idee paradossali e le fecero ristampare. Ciò accadde così spesso che alla fine la gente le considerò verità. (…)

Poiché esistono edifici di buon gusto ed edifici di cattivo gusto, la gente suppone che i primi siano opera degli artisti e i secondi dei non-artisti. Ma costruire con gusto non è ancora un merito, come non è un merito non mettersi il coltello in bocca o pulirsi i denti al mattino. Qui si confonde l'arte con la civiltà. Chi mi può documentare una mancanza di gusto in epoche passate, quindi civili? Le case fatte dal più modesto capomastro di provincia erano di buon gusto. Ovviamente c'erano grandi maestri e piccoli maestri. I grandi lavori erano riservati ai grandi maestri. Grazie alla loro maggiore cultura i grandi maestri avevano un contatto più intimo degli altri con lo spirito del tempo.

L'architettura suscita nell'uomo degli stati d'animo. Il compito dell'architetto è dunque di precisare lo stato d'animo. La stanza deve apparire accogliente, la casa abitabile. Il Palazzo di Giustizia deve apparire al vizio segreto come un gesto di minaccia. La sede della banca deve dire: qui il tuo denaro è custodito saldamente e con oculatezza da gente onesta.

All'architetto questo riesce soltanto se si collega a quegli edifici che finora hanno suscitato nell'uomo questo stato d'animo. Presso i Cinesi il colore del lutto è il bianco, per noi è il nero. I nostri architetti non riuscirebbero quindi a suscitare con il nero uno stato d'animo gioioso.

Se in un bosco troviamo un tumulo, lungo sei piedi e alto tre, disposto con la pala a forma di piramide, ci facciamo seri e qualcosa dice dentro di noi: qui è sepolto qualcuno. *Questa è architettura.*»

Adolf Loos, «Architettura» (1910) in: ders., Sämtliche Schriften, Bd. 1, Wien 1962, S. 317 f.

110 Wanduhr, Messinggehäuse, Glas

111 Buchhandlung Manz, Wien 1, Kohlmarkt 16, 1912, Marmorportal, Sprossen aus Mahagoni, Milchglasscheiben, vergoldete Schrift

112 WOHNUNG FRIEDRICH BOSKOVITS
Wien 1, Bartensteingasse 9, um 1913. Stuckkamin im Vorzimmer

« Le chemin de la culture est un chemin de l'ornement à l'absence d'ornement. L'évolution de la culture est synonyme de l'élimination de l'ornement sur les objets usuels. L'homme de culture papoue recouvre d'ornements tout ce qui est à sa portée, son visage, son corps entier, et jusqu'à son arc et sa pirogue. Mais le tatouage est aujourd'hui un signe de dégénérescence et n'a plus cours que parmi les criminels et les aristocrates décadents. L'homme cultivé, à l'inverse du Papou, considère quant à lui un visage pur plus beau qu'un visage tatoué, le tatouage dût-il être l'œuvre de Michel-Ange ou Kolo Moser en personne. Et l'homme du dix-neuvième siècle entend protéger non seulement son visage, mais également ses malles, ses habits, ses ustensiles de ménage ou encore son habitation contre ces nouveaux papous artificiels!

Le gothique ? Nous sommes supérieurs aux civilisations gothiques. La renaissance ? Nous sommes supérieurs. Nous sommes devenus plus raffinés et plus nobles. La solidité nerveuse nous fait défaut pour boire dans une coupe d'ivoire sur laquelle a été sculptée une scène de combat contre les amazones. Les techniques ancestrales se meurent ? Dieu en soit loué ! Nous les avons troquées contre les harmonies célestes de Beethoven. Nos temples ne sont plus bariolés de bleu, de rouge, de vert et de blanc comme le parthénon. Non, nous avons appris à ressentir la beauté de la pierre nue. (…)

Et le maçon, qui régnait en maître sur la construction, s'est vu adjoindre un guide. Le maçon ne pouvait construire que des maisons et les construire dans le style de son époque. Mais celui qui pouvait construire dans un quelconque style révolu, celui qui avait coupé les liens avec son époque, le déraciné, l'invisible, celui-là acquerrait la suprématie, l'architecte.

L'ouvrier ne pouvait guère se préoccuper de livres. L'architecte puisait tout son savoir dans les livres. Une littérature pléthorique lui procurait toutes les connaissances utiles. Nul ne soupçonnait l'effet délétère qu'exercerait sur la culture de nos villes cette kyrielle de publications d'habiles éditeurs, le carcan dans lequel elle enfermerait le moindre émerveillement personnel. Peu importe que l'architecte ait été à ce point imprégné des formes, qu'il pouvait les dessiner de mémoire ou qu'il ait dû consulter ses ouvrages de référence pendant son travail de ‹ création artistique ›, l'effet était immuable. C'était toujours une atrocité. Et cette atrocité croissait à l'infini. Chacun s'efforçait d'immortaliser son œuvre dans de nouvelles publications et une foule de publications répondaient aux aspirations de vanité des architectes. Il en est encore ainsi à l'heure actuelle.

Mais l'architecte a également supplanté l'artisan de la construction pour un autre motif. Il avait appris à dessiner, et puisqu'il n'avait rien appris d'autre, il savait dessiner. L'artisan ne sait pas dessiner. Sa main s'est empesée. Les esquisses des maîtres des temps jadis sont ourdes. Le premier apprenti architecte est plus doué, sans parler du

113 Wohnung Boskovits, Speisezimmer, Wandvertäfelung aus Nussholz mit Mahagonibeize, Marmorkamin mit Messingtüren

dessinateur prétendument adroit, que tout bureau d'architecture guette et paie à prix d'or !

Les architectes ont réduit l'art de la construction à l'art graphique. Ce n'est pas à celui qui construit le mieux, mais à celui dont les travaux s'illustrent le mieux sur le papier que le plus grand nombre de commandes sont confiées. Ils sont pourtant diamétralement opposés. (…)

Le meilleur dessinateur peut être un piètre architecte, et le meilleur architecte un piètre dessinateur. Le talent des arts graphiques est exigé dès l'amorce de la formation à l'architecture. Notre nouvelle architecture s'invente dans son intégralité sur la planche à dessin et les tracés ainsi créés sont ensuite concrétisés de la même manière que les tableaux sont accrochés dans un musée.

Le dessin n'était cependant pour les maîtres d'autrefois qu'un outil pour se faire comprendre de l'artisan qui exécutait les opérations. Comme le poète doit se faire comprendre par l'écriture. Nous n'avons toutefois pas encore laissé s'échapper notre culture au point de prétendre enseigner la poésie à un gamin doté d'une écriture calligraphique. (…)

L'adroit dessinateur détient aujourd'hui le pouvoir suprême. Les formes ne sont plus créées par l'outil, mais par le crayon. Du profil d'un édifice, du style de sa décoration, l'observateur peut déduire si l'architecte se sert d'un crayon numéro 1 ou d'un crayon numéro 5.

Et quelle abominable corruption du bon goût produit le compas sur les esprits ! Le pointillage au tire-lignes a déclenché une épidémie de carrés. Aucun encadrement de fenêtre, aucune plaque de marbre n'est exempte de pointillage à l'échelle 1/100. Maçons et tailleurs de pierre doivent ensuite façonner cette absurdité graphique à la sueur de leurs fronts. Si une goutte d'encre de Chine s'est par hasard glissée dans le tire-lignes de l'artiste, le doreur est immédiatement dépêché.

J'estime pour ma part qu'un édifice correct, ramené aux deux dimensions d'une feuille, ne saurait impressionner. Ma plus grande fierté tient à ce que les intérieurs que j'ai imaginés sont totalement dénués d'expression dans les photographies. (…) Je dois renoncer à l'honneur d'une publication dans les multiples périodiques d'architecture. La satisfaction de ma vanité m'est interdite.

Peut-être mes œuvres sont-elles inutiles. On ne connaît rien de moi. C'est là toutefois que se révèlent la force de mes idées et la justesse de ma théorie. Moi qui ne suis pas publié, moi dont personne ne connaît le travail, je suis le seul parmi les milliers d'autres qui possède une réelle influence. Je peux servir d'exemple. Lorsqu'il m'a été donné pour la première fois de créer quelque chose, ce qui fut éminemment ardu dès lors que les œuvres de mon style, ainsi que je l'ai évoqué, ne peuvent se représenter graphiquement, j'ai fait l'objet de vives manifestations d'hostilité. C'était il y a douze ans :

114 Wohnung Boskovits, Speisezimmer, Blick zur Eingangstür

le café Museum de Vienne. Les architectes l'ont surnommé le ‹ café nihilisme ›. Mais le café Museum existe toujours, alors que tous les travaux d'ébénisterie moderne des milliers d'autres ont été depuis longtemps jetés aux oubliettes. Ils doivent autrement en avoir honte. Il suffit, pour démontrer que le café Museum a exercé une plus grande influence sur l'ébénisterie actuelle que l'ensemble des œuvres antérieures réunies, de jeter un simple coup d'œil dans l'édition 1899 du magazine ‹ dekorativer kunst › de munich, dans lequel cet intérieur a été reproduit - à mon avis, à la suite d'une inadvertance de la rédaction. Ces deux reproductions photographiques ne constituaient toutefois pas à l'époque une influence, elles sont d'ailleurs passées totalement inaperçues. Seule la force de l'exemple a eu une influence. (...)

Un grand nombre d'objets témoignent du style du vingtième siècle à l'état pur. Ce sont les objets dont les fabricants n'ont pas utilisé comme guides les invisibles. Ces fabricants sont principalement les tailleurs. Ce sont aussi les chausseurs, les maroquiniers et les selliers, ce sont encore les charrons, les fabricants d'instruments et tous, sans exception, qui ont uniquement été épargnés par le déracinement parce que leur art ne semblait pas suffisamment noble aux incultes pour être soumis aux réformes. Quelle chance ! À partir de ces restes que m'ont laissés les architectes, j'ai pu reconstruire il y a douze ans l'ébénisterie moderne, cette ébénisterie que nous connaissions lorsque les architectes n'avaient jamais encore mis le pied dans un atelier d'ébénisterie. Je ne me suis pas attelé à la tâche dans la peau d'un artiste, créant librement, laissant vagabonder sans retenue son imaginaire. Voilà certainement ce qu'on entendrait dans un cercle d'artistes. Non. J'ai pénétré timidement dans les ateliers, tel un apprenti, et je me suis approché respectueusement de l'homme en tablier bleu. Enfin, je lui ai demandé de me faire partager son secret. À l'abri du regard des architectes, une riche tradition d'atelier continuait en effet de se cacher honteusement. Et lorsque les artisans ont lu dans mes pensées, lorsqu'ils ont compris que je n'étais pas de ceux qui souhaitent transformer leur bois bien-aimé sur le modèle de caprices de planche à dessin, lorsqu'ils ont eu l'assurance que je ne voulais pas souiller de teintures vertes ou violettes la couleur noble de leur matériau tant vénéré, leur sensibilité orgueilleuse de l'atelier est remontée à la surface, leur tradition soigneusement dissimulée s'est faite jour et leur haine de l'oppresseur a éclaté. J'ai alors trouvé les revêtements de mur modernes dans les panneaux qui dissimulaient les réservoirs d'eau d'anciennes toilettes, j'ai trouvé la solution moderne pour les coins dans les coffrets où était conservée l'argenterie, j'ai trouvé les serrures et les garnitures chez les fabricants de malles et de pianos. Et j'ai découvert le plus important : le style de 1900 ne se distingue pas plus du style de 1800 que l'habit de 1900 ne se distingue de l'habit de 1800. (...)

Lorsque la mission m'a finalement été impartie de bâtir une maison,

115 CAFÉ CAPUA Wien 1, Johannesgasse 3, 1913 (nicht erhalten), Konzertcafe.
Verkleidung aus Onyxplatten, Puttenfries. Anschließend eine Bar

j'ai pensé que l'apparence extérieure d'une maison pouvait tout au plus s'être transformée dans la même mesure que l'habit, c'est-à-dire pas beaucoup. J'ai observé comment les anciens construisaient et comment ils se sont émancipés des ornements siècle après siècle, année après année. Je devais donc rétablir le lien à l'endroit où la chaîne de l'évolution s'était brisée. Je savais avec certitude que, pour rester dans le sillage de l'évolution, je devais m'orienter vers une simplicité sensiblement accrue. (…) La maison devait paraître banale. N'avais-je pas déclaré un jour que l'homme à la tenue moderne est celui que l'on remarque le moins ? Le raisonnement semblait paradoxal. Mais il s'est trouvé de braves gens pour consigner soigneusement cette phrase, aux côtés d'une série d'autres de mes inspirations paradoxales, et les faire imprimer inlassablement, tant et si bien que les lecteurs ont fini par les tenir pour vraies. (…)
Dès lors qu'il existe des édifices de bon goût et de mauvais goût, les gens supposent que les premiers sont l'œuvre d'artistes et les autres de non-artistes. Construire avec bon goût ne nécessite toutefois aucun mérite, pas plus qu'il n'y a de mérite à s'abstenir de mettre un couteau en bouche ou à se laver les dents le matin. Ils confondent l'art et la culture. Qui pourrait me montrer une faute de goût datant d'une époque révolue, d'une époque cultivée ? Les bâtisses des maçons les plus insignifiants de province témoignaient de bon goût. Les bons artisans côtoyaient certes les moins bons. Les travaux de grande envergure étaient réservés aux bons artisans qui, grâce à leur excellente formation, entretenaient une relation plus étroite que les autres à l'égard du monde spirituel.
L'architecture éveille des sentiments chez l'homme. La tâche de l'architecte consiste dès lors à clarifier ces sentiments. Une pièce doit sembler confortable, une maison habitable. Le palais de justice doit se parer d'une mine menaçante aux yeux du petit malfrat. La banque doit montrer que, derrière ses murs, l'argent est administré en toute sécurité par d'honnêtes gens.
L'architecte peut uniquement parvenir à ce résultat s'il se souvient des édifices qui ont éveillé de tels sentiments par le passé. La couleur du deuil est le blanc en Chine et le noir dans nos contrées. Il serait par conséquent impossible à nos artistes de la construction de susciter la gaieté à travers le noir.
Lorsque nous rencontrons dans une forêt un monticule long de six pieds et large de trois pieds, façonné à la pelle en forme de pyramide, nous prenons un air grave et quelque chose nous dit : quelqu'un est enterré ici. *Alors, c'est de l'architecture.* »

Adolf Loos, « Architecture » (1910) in: ders., Sämtliche Schriften, Bd. 1, Wien 1962, S. 317 f.

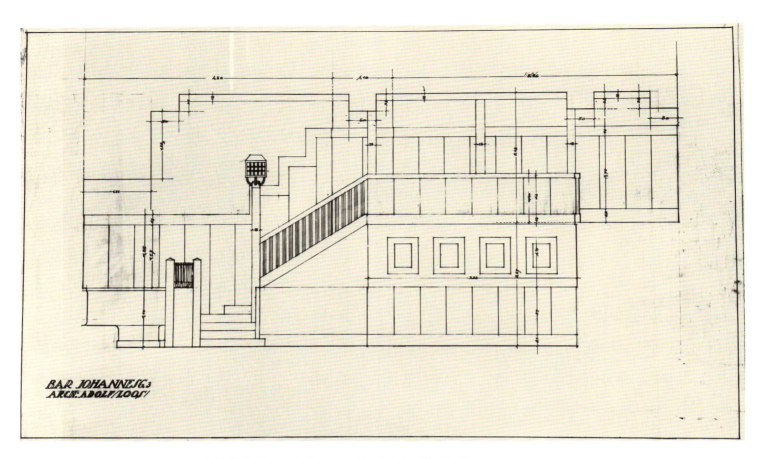

116 Café Capua, Aufgang zur Bar-Galerie, Wandaufriss;
Tusche auf Transparentpapier

117 Armlehnstuhl für das Café Capua, Buchenholz
mahagonifarben gebeizt, Gebrüder Thonet, nach 1913

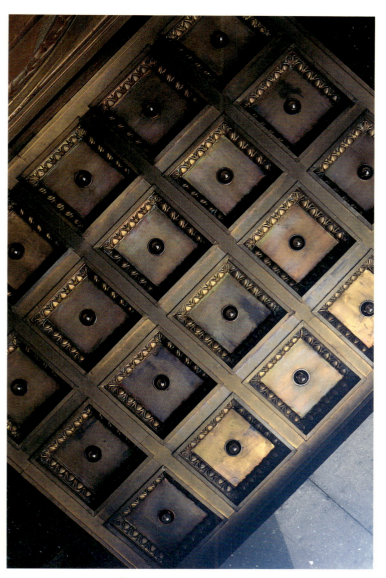

118 ANGLO-ÖSTERREICHISCHE BANK II
Wien 7, Mariahilfer Straße 70, 1914

119 Anglo-Österreichische Bank, Decke im Eingang.
Wie beim Haus am Michaelerplatz kann der Eingangsbereich
durch eine Reihe von Lämpchen beleuchtet werden

Auch beim 9 m hohen und 5 m breiten Portal dieser Bank verwendet Loos schwarzen Marmor. Im großen Kassensaal folgt Loos einer von Otto Wagner beim Postsparkassenamt 10 Jahre früher erfolgreich durchgeführten Art der Belichtung. Tageslicht flutet durch eine Glasdecke. Verspiegelte kassettierte Nischen erhellen den Raum zusätzlich. Fußboden und Wände bestehen aus weißem Marmor. Trotz der klaren Linien des hellen Kassensaales vermitteln die an der linken Wand eingebauten dunkel gebeizten Eichenmöbel eine wohnliche Atmosphäre.

Loos also uses black marble for the 9 m high and 5 m wide portal of this bank. In the expansive banking hall, Loos draws on a lighting method successfully implemented by Otto Wagner in the Main Post Office 10 years previously. Daylight pours through a glass ceiling. Reflected coffered niches add considerable brightness to the space. The floor and walls are of white marble. Despite the clear lines of the bright banking hall, the dark-stained oak furniture along the left-hand wall gives it a cosy atmosphere.

Loos utilizza il marmo nero anche per il portone di 9 m di altezza e 5 m di larghezza di questa banca. Nella vasta sala casse Loos adotta una soluzione di illuminazione sfruttata con successo da Otto Wagner dieci anni prima per il palazzo della Cassa di Risparmio Postale. La luce del giorno filtra attraverso un soffitto di vetro. L'ambiente è inoltre rischiarato da nicchie a cassettoni rivestite di specchi. Il pavimento e le pareti sono di marmo bianco. Nonostante le linee chiare della luminosa sala casse, i mobili in quercia verniciati di scuro e incorporati nella parete di sinistra creano un'atmosfera accogliente.

Loos utilise encore le marbre noir pour le portail de cette banque, de 9 m de hauteur et de 5 m de largeur. Dans la grande salle des guichets, Loos s'inspire d'un mode d'éclairage qu'Otto Wagner a appliqué avec succès 10 ans plus tôt pour le bâtiment de la caisse d'épargne postale. La lumière du jour s'engouffre à travers un plafond de verre. Les niches enchâssées garnies de miroirs éclaircissent encore la pièce. Le sol et les murs sont réalisés en marbre blanc. En dépit des lignes claires de la salle des guichets lumineuse, les meubles de chêne teintés de couleurs sombres, encastrés dans le mur gauche, instillent une atmosphère confortable.

120 Anglo-Österreichische Bank, Kassensaal

„Da kamen die bösen Engländer und trübten den herren vom reißbrett die freude. Sie sagten: Nicht zeichnen, sondern machen. Geht ins leben, damit ihr wisst, was verlangt wird. Und wenn ihr das leben erfasst habt, dann stellt euch vor den schmelzofen oder vor die drehscheibe. Da ließen denn 99 perzent der künstler das töpfemachen sein. (…)
Es ist die höchste zeit, dass sich unser handwerk auf sich selbst besinnt und jede unberufene führung von sich abzuschütteln sucht. Wer mitarbeiten will, sei willkommen. Wer vor der surrenden töpferscheibe in der arbeitsschürze, vor dem glühenden schmelzofen mit entblößtem oberkörper mitschaffen will, sei gepriesen. Jene dilettanten aber, die vom bequemen atelier aus dem künstler, kunst kommt von können, dem schaffenden, vorschreiben, vorzeichnen wollen, was er schaffen sollte, mögen sich auf i h r gebiet beschränken, das der graphischen kunst. (…)
Bei den glaswaren gibt es sicherlich viel minderware. Man geht aber stillschweigend daran vorüber. Aber in der keramischen abteilung lesen wir die selbstbewusste aufschrift: ‚Alle dessins und formen sind in allen ländern gesetzlich geschützt.' Du lieber gott! Sollte man nicht da eher alle länder vor diesen dessins und formen gesetzlich schützen? Solche gedanken müssen einem kommen, wenn sich das geschmacklose so vorzudrängen sucht."

Adolf Loos, „Glas und Ton" (1898) in: ders., Sämtliche Schriften, Bd. 1, Wien 1962, S. 55–61 f.

121 Anglo-Österreichische Bank, Kassensaal, kassettierte Milchglasdecke, Hängelampen aus Messing

"And along came the nasty Englishmen and took away the happiness of the gentlemen of the drawing board. They said: don't draw, do. Immerse yourself in life so that you know what's needed. And when you have grasped life, then go and stand in front of the smelting furnace or the potter's wheel. And then at least 99% of artists would leave pottery-making alone. (…)

It is high time that our crafts reflected on themselves and shook off every unqualified suggestion. Everyone who wants to take part in the work is welcome. Anyone who wants to stand in front of a humming potter's wheel in a work apron or before a glowing furnace with naked torso and create has my unqualified admiration. But all those dilettantes who, from the comfort of their studios want to prescribe, preordain what the artists – art comes from ability – the creators, should create, they should restrict themselves to their true subject, the graphic arts. (…)

Among the glassware there are certainly many inferior wares. But one can pass those by in silence. But in the ceramic department we can read the self-confident proclamation: 'All designs and forms are protected by law in all countries.' My god! Wouldn't it be better to protect every country from these designs and forms by law? That is the kind of thought you are forced to have when such tastelessness tries to impose itself."

Adolf Loos, "Glass and Clay" (1898) in: ders., Sämtliche Schriften, Bd. 1, Wien 1962, S. 55–61 f.

«A questo punto intervennero i perfidi Inglesi a guastare l'euforia dei maestri della tavola da disegno. Gli Inglesi dicevano: non bisogna disegnare, ma fare. Buttatevi nella vita per scoprire di che cosa l'uomo ha bisogno. E quando avrete colto il senso della vita, allora soltanto ponetevi davanti alla fornace o davanti al tornio. E allora vedremmo il novantanove per cento degli artisti rinunciare ad occuparsi della produzione di vasellame. (…)

È ora che il nostro artigianato si affidi alle proprie forze e si scrolli di dosso qualsiasi guida non richiesta. Chi intende collaborare sia il benvenuto. Chi, di fronte al tornio ronzante, con indosso il grembiule da lavoro, chi, di fronte alla fornace rovente, a torso nudo, vuol collaborare, abbia ogni lode. Quei dilettanti, però, che, stando nel loro comodo atelier da artisti (arte deriva da sapere) pretendono di prescrivere e preordinare, per chi crea, ciò che egli deve creare, costoro sono pregati di mantenersi nei limiti del loro campo, che è l'arte grafica. (…)

Senza dubbio gran parte degli oggetti in vetro sono di qualità molto scadente. Ma ci si passa davanti senza dire una parola. Nel settore della ceramica invece si legge questa pretestuosa scritta: ‹Tutti i disegni e tutte le forme sono protetti a norma di legge in tutti i paesi del mondo.› Buon dio! Non sarebbe piuttosto il caso di proteggere tutti i paesi del mondo, a norma di legge, da tali forme e da tali disegni? Sono idee che vengono in mente quando il cattivo gusto cerca di imporsi in modo così sfacciato.»

Adolf Loos, «Vetro e argilla» (1898) in: ders., Sämtliche Schriften, Bd. 1, Wien 1962, S. 55–61 f.

122 Anglo-Österreichische Bank, Kassensaal

« Alors vinrent les vils Anglais qui ternirent la gaieté de cœur des maîtres de la planche à dessin. Ils proclamèrent : ne dessinez pas, fabriquez. Pénétrez dans la vie pour découvrir ses nécessités. Et lorsque vous aurez compris la vie, alors seulement, retournez au fondoir ou au tour. Enfin 99 pour-cent des artistes laisseraient-ils la poterie en paix. (…)
Il est grand temps que notre art se souvienne de lui-même et se débarrasse de toute indication intempestive. Quiconque souhaite participer sera le bienvenu. Quiconque souhaite prendre part à la création, en tablier devant le tour ronflant ou torse nu devant le fondoir ardent, sera loué. Mais les dilettantes qui, dans le confort de leur atelier, prétendent dicter, dessiner ce que les artistes, les créateurs doivent créer, ceux-là seraient mieux avisés de se limiter à leur propre domaine, à savoir l'art graphique. (…)

La verrerie est certainement truffée d'objets médiocres. Nous les ignorons toutefois en silence. Mais nous lisons dans le département des céramiques la mention orgueilleuse : ‹ Tous les dessins et modèles sont protégés par la loi dans tous les pays. › Seigneur dieu ! Ne faudrait-il pas plutôt protéger par la loi tous les pays de ces dessins et modèles ? De telles réflexions jaillissent naturellement à l'esprit lorsque le mauvais goût s'évertue ainsi à s'imposer.»

Adolf Loos, « De verre et d'argile » (1898) in: ders., Sämtliche Schriften, Bd. 1, Wien 1962, S. 55–61 f.

123 HAUS ANNA UND ERICH MANDL Wien 19, Blaasstraße 8, 1916

„Dem menschen, der die heutige kultur besitzt, gefallen gebrauchsgegenstände aus glas, porzellan, majolika und steingut am besten, wenn sie undekoriert sind. Aus dem trinkglas will ich trinken. Ob wasser oder wein, bier oder schnaps, das glas sei so beschaffen, dass mir das getränk am besten schmeckt. Das ist die hauptsache. Und aus diesem grunde opfere ich gern alle altdeutschen sprüche oder sezessionistischen ornamente. Wohl gibt es mittel, das glas zu behandeln, dass die farbe des getränkes erhöht, verschönert wird. Dasselbe wasser kann in einem glase schal und matt, in einem anderen frisch wie aus der bergquelle aussehen. Das kann man durch gutes material oder durch den schliff erreichen. Beim gläserkaufen lässt man sich daher die vorgelegten gläser mit wasser füllen und wählt nun das beste aus. Dann bleiben die gläser, die dekoriert sind, als schwämmen grüne blutegel darin, unverkauft. (…)
Genau so ist es beim teller. Wir fühlen feiner als die menschen der Renaissance, die noch ihr fleisch auf mythologischen darstellungen schneiden konnten. Wir fühlen auch feiner als die menschen des Rokoko, die sich nichts daraus machten, wenn die suppe durch das blaue zwiebelmuster eine unappetitliche grüngraue farbe bekam. Wir essen am liebsten von weißem grunde. Wir, die künstler denken darüber anders."

Adolf Loos, „Keramika" (1904) in: ders., Sämtliche Schriften, Bd. 1, Wien 1962, S. 253 f.

"People of culture today like functional objects of glass, porcelain, majolica and earthenware best when they are undecorated. I want to drink from a drinking glass. Whether it is water or wine, beer or spirits, the glass is made in such a way that I taste the drink best. That is the main thing. And for this reason I am happy to sacrifice all altdeutsch aphorisms or Secessionist ornaments. Certainly there are ways of treating the glass in order to emphasise the colour of the drink, to enhance it. The same water can appear stale and weary in one glass and in another fresh as if it had come from a mountain spring. That can be attained by good material or good glass cutting. Because of that, when buying glasses one should have those presented filled with water and then select the best. Then the decorated glasses will remain there, unsold, as if green leeches might be swimming in them. (…)
It is exactly the same with plates. We are more sensitive than the people of the Renaissance who could still cut their meat on mythological representations. We are more sensitive than people of the Rococo period who didn't mind when the soup took on an unappetizing gray-green colour because of the blue onion pattern. We prefer to eat from a white ground. We, the artists, think about things differently."

Adolf Loos, "Ceramics" (1904) in: ders., Sämtliche Schriften, Bd. 1, Wien 1962, S. 253 f.

124 HAUS WILLIBALD DUSCHNITZ Wien 19, Weimarer Straße 87, 1915/16

«L'uomo che possiede la civiltà attuale preferisce gli oggetti d'uso di vetro, porcellana, maiolica e terraglia quando non sono decorati. Io voglio bere dal bicchiere. Che io beva acqua o vino, birra o acquavite, il bicchiere deve essere tale da esaltare il gusto della bevanda. Questa è la cosa principale. E per questa ragione io sacrifico volentieri tutti i proverbi del tedesco antico o gli ornamenti secessionisti. Vi sono senza dubbio dei sistemi per trattare il vetro in modo che il colore della bevanda risulti esaltato, abbellito. La stessa acqua può apparire non fresca e opaca in un bicchiere, e in un altro bicchiere sembrare fresca come se fosse appena sgorgata da una sorgente montana. Ciò può essere ottenuto con un buon materiale o attraverso la molatura. Per questo, al momento dell'acquisto, per scegliere il bicchiere migliore si dovrebbero fare riempire d'acqua i vari pezzi proposti. E allora i bicchieri che sono decorati come se vi nuotassero dentro verdi sanguisughe resteranno invenduti. (…)
Lo stesso vale per il piatto. Noi siamo più esigenti degli uomini del Rinascimento, che riuscivano ancora a tagliare la carne servita su piatti decorati con rappresentazioni mitologiche. Siamo più esigenti anche degli uomini del Rococò, che non si turbavano se la zuppa prendeva uno sgradevole colore verde-grigio per via della decorazione a motivi floreali stilizzati blu. Noi preferiamo mangiare su un fondo bianco. Noi, gli artisti, la pensiamo diversamente.»

Adolf Loos, «Ceramica» (1904) in: ders., Sämtliche Schriften, Bd. 1, Wien 1962, S. 253 f.

125 Haus Duschnitz, Ansicht vom Garten

« L'homme imprégné de la culture actuelle apprécie surtout les objets usuels en verre, en porcelaine, en faïence et en grès lorsqu'ils ne sont pas décorés. Un verre lui sert à boire. Eau, vin, bière ou alcool, le matériau du verre est tel que la boisson me semble posséder le meilleur goût. C'est le principal. C'est la raison pour laquelle je sacrifie volontiers les anciennes sentences tudesques ou les ornements sécessionnistes. Il existe bien entendu des techniques de traitement du verre qui permettent de rehausser, d'embellir la teinte de la boisson. Une même eau peut ainsi paraître terne et insipide dans un verre, et fraîche, comme puisée dans une source de montage, dans un autre. Cet effet peut être atteint par l'utilisation d'un bon matériau ou par le polissage. Lors de l'achat de verres, il faut en conséquence faire remplir d'eau les verres présentés et choisir ensuite les meilleurs. Les verres décorés restent alors invendus, comme si des sangsues vertes y nageaient. (…)

Il en va de même pour les assiettes. Nous sommes plus raffinés que nos ancêtres de la renaissance, qui pouvaient découper leur viande sur une représentation mythologique. Nous sommes également plus raffinés que les gens de l'époque rococo, qui ne voyaient pas d'inconvénient à ce que le modèle d'un oignon bleu confère au potage une teinte vert-de-gris peu ragoûtante. Nous préférons manger sur un fond blanc. Nous les artistes, nous percevons les choses différemment. »

Adolf Loos, « Céramique » (1904) in: ders., Sämtliche Schriften, Bd. 1, Wien 1962, S. 253 f.

126 Haus Duschnitz, Vestibül, Blick zur Kaminhalle

„Ein neuer Schmuckfedernladen in der Kärntnerstraße erregt jetzt gelindes Aufsehen. Erdgeschoß und erster Stock zusammengefasst in eine Mauernische mit tiefer Laibung aus poliertem Buntmarmor von Skyros. Goldschrift und gekräuselte Straußenfedern hineingraviert. Die Scheiben der Schaufenster rundgebogen, hinein zur Türöffnung. Messinggerahmtes Glas. Innen weißer Spritzwurf, auch an der Decke mit offenen Balken, die mit blondem Satinholz furniert sind. Auch die Tische mit diesem Holz in heller oder dunkler wirkenden Rauten marketiert oder parkettiert, mit Glastafeln belegt. Die Schränke in Messing montiert. Alles rechteckig, scharf linear, nirgends eine Spur von Ornament. Und der Raum durch Spiegelbelag der Rückwand scheinbar verdoppelt. Ein Interieur von geometrischer Eleganz und haargenau klappender Sauberkeit, als wäre das Ganze ein stählerner ‚Safe'… Die Leute stehen und schauen. Von wem ist das? Von Loos. Na ja, der Loos! Das sieht ihm ähnlich.

Es sieht ihm wirklich ähnlich. Er ist auch so angezogen. Und Laden und Wohnung seines Schneiders, am Graben, sind auch wieder so eingerichtet. So klappend, einschnappend, mit förmlich mechanischer Korrektheit. (…)

Man erinnert sich ja, wie er vor acht Jahren das Café Museum einrichtete, das erste moderne im secessionistisch werdenden Wien. Ganz anders, als die von ihm gehassten Secessionisten es damals versuchten, in der Phantastik der lenzfroh schwelgenden Olbrichzeit. Dieser junge Mann, frisch von Amerika her, leugnet das alles und betonte die reine Nützlichkeit, die Schönheit des Nurpraktischen, die Vornehmheit des Gewöhnlichen. (…)

Wer ihm so nachschreiben könnte, wenn er so halblaut vor sich hin monologisiert; was er dann für Dialog hält. In lauter zwei Zentimeter langen Satzteilen; nie ein Punkt, lauter Strichpunkte gleichsam. Manches schlagende Epigramm und einleuchtende Gleichnis darunter. Und der Boden ist ringsum mit erschlagenen Architekten bedeckt. Wenn er einen Lehrstuhl hätte, würden ihm die Leute zuströmen. Sein Talent zum Räsonneur ist ersten Ranges. Eine Art Missvergnügter zu seinem Vergnügen, wie das berühmte Geschlecht der Wiener Raunzer es in seiner klassischen Epoche, dem Vormärz, war. Auch in dieser Hinsicht ist er ein echter Wiener, obgleich grundsätzlich in Mähren geboren (übrigens auch Josef Hoffmann). Er beteuert auch nachdrücklich: ‚Ist das England? Ist das Amerika? Keine Spur, das ist altes Wien. Aber so sind die Leute', sagt er. ‚Wenn sie in ein Zimmer treten und gelbes Kirschholz sehen: ‚Ah, Biedermeier!' Sehen sie aber braunes Mahagoni: ‚Ah, modern!' Um die Form kümmern sie sich gar nicht.'

127 Haus Duschnitz, Vestibül

Zwar, wie es mir beim nächsten Zusammentreffen ergehen wird, nach allen diesen Indiskretionen, weiß ich nicht. Der Mann ist für sich allein ein Wespennest, und ich tue da Griff auf Griff in die stacheligen Tiefen. Er hat sich mir in den letzten Wochen reichlich eröffnet; auf langen Fahrten durch alle Bezirke Wiens, wo ich mir einige Dutzende seiner Wohnungseinrichtungen zu Gemüte führte. Ich hielt das für Pflicht, denn ich hatte anno Café Museum geschrieben: ‚In einigen Jahren wollen wir sehen, was von alledem übriggeblieben ist.' Die begreifliche Skepsis eines Auges, an dem die kunstgewerbliche Welt so unstet und buntscheckig vorübertreibt. (…)

Ich habe nun viel von Loos ausgestattete Wohnungen gesehen. Billige und kostbare, für Bewohner von sehr verschiedenen geistigen und physischen Bedürfnissen. Er ist der Schlichtheit wie der Pracht gewachsen, wird mannigfachem Bedürfnis in seiner Weise gerecht. Selbst die lyrische Note ist ihm nicht versagt. Wie reizend ist jenes ganz schneeweiße Schlafzimmer, das durch Behänge aus duftigem Battiste Rayé längs aller vier Wände, hinter denen sich die Möbel verbergen, in ein appetitliches Schlummerzelt verwandelt ist. Und dann wieder wie reich jenes Speisezimmer aus Pavonazzo-Marmor, wie märchenhaft jener Wintergarten aus buntem Skyros-Marmor, dessen einziges Gassenfenster in ein Aquarium mit schwärmenden Fischchen verwandelt ist, so dass das Tageslicht durch dieses Wasser hereinsickert. Der anregende Materialreiz findet auch bei Loos anregbare Sinne. Gar gut weiß er die Flecke des Marmors zu harmonisieren und ihnen ihre Heimlichkeiten abzugewinnen, die mitunter bis ans Abenteuer streifen. (…) Den Raum als solchen gestaltet er ganz nach Bedarf, beseitigt Wände, nützt Winkel aus, korrigiert durch optische Schlauheiten das Unregelmäßige, legt des Verhältnisses wegen Zimmerdecken niedriger, baut Möbel aus dem Grundriss heraus. (…) Sogar für Kerzenbeleuchtung sorgt er, die seinen geschliffenen Marmoren ein noch feineres Lüstre gibt."*)

*) Ludwig Hevesi, Adolf Loos, in: Altkunst – Neukunst, Wien 1894–1908, Seite 284–288, 22. November 1907, Verlagsbuchhandlung Carl Konegen, Wien 1909.

128 Kaminuhr Rahmen aus gegossenen Messingprofilen, geschliffenes Glas, um 1900

"A new ornamental feather shop in Kärntnerstrasse is arousing mild interest. Ground and first floor are amalgamated in a wall niche with deep alcove made of polished, colourful marble from Skyros. With engraved gold letters and curled ostrich feathers. The glass of the shop window is rounded as far as the door opening. Brass-framed glass. The interior is done with white plaster, including the ceiling as well which has open beams veneered in a light satinwood. The tables also have marquetry or parquetry of lighter or darker rhombuses in that same wood or are inlaid and are glass covered. The cupboards have brass fittings. Everything is rectangular, sharply linear, there is no trace of ornament anywhere. The room appears to be doubled because of the back wall being covered in mirrors. An interior of geometrical elegance and absolutely precise cleanliness as if the whole was a steel safe…People stop and stare. Who did it? Loos. Oh, well, Loos, that's what you would expect from him. It is indeed what you would expect from him. He is also dressed like that. And the shop and apartment of his tailor on Graben is also furnished like that. So perfect, so everything-in-place, with a formal, mechanical correctness. (…)

You can remember, of course, how he furnished the Café Museum some eight years ago, the first modern café in a Vienna in the throes of becoming Secessionist. It was quite different to the Secessionists whom he hated and who were immersed in the easy times, revelling in the Olbrich era. This young man, freshly back from America rejected all of that and emphasised pure function, the beauty of the only practical, the primacy of the commonplace. (…)

Who could write down what he says to himself in an undertone, what he then believes is a dialogue? Only in two centimetre long sentence fragments, never a full stop, lots of hyphens. Sometimes a pithy epigram or an illuminating equation in there. And the floor all around is littered with felled architects. If he had a chair somewhere, people would come to him in droves. His talent for grumbling is first class. A kind of displeasure for his own pleasure just as that species, the Viennese complainer, was in its classical period – before the 1848 revolution. He is also a real Viennese in this respect as well, even though he was born in Moravia as, by the way, was Josef Hoffmann. He also emphasises his protest: 'is this England? is this America? Not a trace of them, this is old Vienna. But that's how people are,' he says. 'When they enter a room and see a yellow cherry wood 'Ah, Biedermeier.' If they see a brown mahogany 'Ah, modern.' They don't bother about form at all.'

How I'll feel at the next meeting after all these indiscretions I don't know. The man is a hornet's nest incarnate and I reach into the stinging depths again and again. In the last few weeks he has opened up to me a great deal, on long journeys through every district in Vienna where I have looked at dozens of apartments furnished by him. I regarded it as my duty since I wrote in the Café Museum era, 'We will have to see what is left over from all of this in a few years.' The understandable scepticism of an eye in front of which the restless and colourful world of arts and crafts passes by. (…)

I have now seen many apartments which were fitted out by Loos. Cheap and luxurious, for occupants with very different intellectual and physical needs. He is a master of simplicity as well as splendour, fulfils manifold demands in his own way. Even the lyrical is not denied him. How attractive that snow-white bedroom is, transformed into an attractive tent of slumbers by airy Battiste rayé along all four walls behind which the furniture is hidden. And again the costly, such as the dining room of Pavonazzo marble and how fairy-tale like the winter garden of colourful Skyros marble which has its only window onto the street transformed into an aquarium swarming with fishes so that the daylight filters in through the water. With Loos, the exciting use of materials also finds expression in excitable senses. He knows only too well how to harmonise the markings of the marble and how to discover its secrets which sometimes border on adventure. (…) The rooms themselves he alters as needed, removes walls, uses angles, corrects unevenness with optical cunning, moves the centre of gravity down by lowering ceilings, builds furniture which grows out of the ground plan. (…) He even takes care of the candle-light which gives his polished marble an even finer lustre."*)

*) Ludwig Hevesi, Adolf Loos, in: Altkunst – Neukunst, Wien 1894–1908, Seite 284–288, 22. November 1907, Verlagsbuchhandlung Carl Konegen, Wien 1909.

«Un nuovo negozio di piume ornamentali nella Kärntnerstraße sta suscitando un discreto interesse. Il pian terreno e il primo piano sono amalgamati in una nicchia nel muro con un profondo intradosso di marmo di Skyros colorato e levigato. Nella parete sono incise una scritta dorata e delle piume di struzzo arricciate. Le vetrine formano un arco a tutto sesto verso l'apertura della porta. Vetro con cornice d'ottone. All'interno intonaco bianco, anche sul soffitto a travi scoperte, impiallacciate in legno biondo satinato. Anche i tavoli sono intarsiati con rombi più chiari o più scuri o rivestiti con listelli dello stesso legno e coperti con lastre di vetro. Gli armadi hanno montature in ottone. Tutto è quadrato, estremamente lineare, senza la minima traccia di ornamento. E lo spazio è apparentemente raddoppiato dal rivestimento a specchi della parete di fondo. Un ambiente di geometrica eleganza e millimetrica precisione, come se il tutto fosse una cassaforte d'acciaio... La gente si ferma a guardare. Chi l'ha fatto? Loos. Ma sì, Loos! Gli assomiglia anche.
Gli assomiglia davvero. Anche lui si veste a quel modo. E anche il negozio e la casa del suo sarto, sul Graben, sono arredati a quel modo. Così lineare, così perfetto, con correttezza formale, meccanica. (...)
Chi non ricorda come arredò il Café Museum otto anni or sono, il primo caffè moderno in una Vienna avviata sulla strada della Secessione. Completamente diverso dall'ideale che i secessionisti da lui disprezzati perseguivano negli anni svagati e gozzoviglianti dell'era di Olbrich. Questo giovane, appena tornato dall'America, rinnega tutto questo e sottolinea la mera utilità, la bellezza di ciò che è soltanto pratico, l'eleganza del quotidiano. (...)
Chi può annotare ciò che egli dice, quando monologa fra sé a mezza voce e crede invece di dialogare? Spezzoni di frase lunghi solo due centimetri; mai un punto, solo punti e virgola. Ogni tanto qualche efficace epigramma e illuminante allegoria. E il pavimento tutt'attorno è coperto di architetti colpiti a morte. Se avesse una cattedra, la gente accorrerebbe. Ha un talento di prim'ordine come ragionatore. In certo qual modo indispettito per diletto, come la celebre stirpe dei brontoloni viennesi nella sua epoca classica, prima del marzo 1848. Anche da questo punto di vista egli è un vero viennese, sebbene sia nato in Moravia (come del resto anche Josef Hoffmann). Egli afferma anzi energicamente: ‹È questa Inghilterra? È questa America? Di loro nessuna traccia, questa è la vecchia Vienna. Ma così è la gente›, dice. ‹Se entra in una stanza e vede del legno di ciliegio giallo esclama: ‹Ah, Biedermeier!› Ma se vede del mogano marrone, allora dice: ‹Ah, moderno!› E della forma non si cura affatto.›
Non ho proprio idea di come andrà il prossimo incontro dopo tutte queste indiscrezioni. Quell'uomo è un vero e proprio nido di vespe e io penetro sempre più nelle sue spinose profondità. Nelle ultime settimane si è molto aperto con me, nei lunghi viaggi per tutti i distretti di Vienna, durante i quali ho potuto ammirare dozzine di appartamenti da lui arredati. Lo ritenevo un dovere perché nell'anno del Café Museum avevo scritto: ‹Tra qualche anno vedremo cosa sarà rimasto di tutto questo.› Il comprensibile scetticismo di un occhio che vede sfilare davanti a sé il mondo così volubile e discontinuo dell'arte applicata. (...)
Ormai ho visto molte delle abitazioni arredate da Loos. Economiche e costose, per abitanti dalle esigenze spirituali e fisiche molto diverse. Egli è un maestro di semplicità e splendore, che tiene a suo modo conto della molteplicità delle esigenze. Non gli è negata neppure una nota lirica. Quanto è incantevole quella camera da letto bianca come la neve che si trasforma in un'allettante tenda per il riposo grazie ai tendaggi di leggero batiste rayé lungo le quattro pareti, dietro cui si nascondono i mobili. E ancora, quanto è ricca quella sala da pranzo in marmo pavonazzo, quanto è fiabesco quel giardino d'inverno in colorato marmo di Skyros, la cui unica finestra sulla strada è trasformata in un acquario con pesci in continuo movimento, in modo che la luce del giorno filtri attraverso l'acqua. Il fascino eccitante del materiale trova in Loos anche sensi eccitabili. Egli sa abilmente armonizzare le venature del marmo e scoprirne i segreti che rasentano talvolta l'avventura. (...) Egli crea lo spazio come tale secondo le esigenze, elimina le pareti, sfrutta gli angoli, corregge le irregolarità attraverso giochi ottici, per motivi di proporzione abbassa i soffitti delle stanze, costruisce mobili che nascono dalla pianta stessa dell'ambiente. (...) Si occupa persino dell'illuminazione con le candele, che dà ai suoi marmi levigati un lustro ancora più raffinato.»*)

129 Dreibeiniger „ägyptischer Hocker", 1903–27

*) Ludwig Hevesi, Adolf Loos, in: Altkunst – Neukunst, Wien 1894–1908, Seite 284–288, 22. November 1907, Verlagsbuchhandlung Carl Konegen, Wien 1909.

130 Haus Duschnitz, Kaminhalle, Tür zum Vestibül

131 Haus Duschnitz, Bibliothek

« Dans la Kärntnerstrasse, un nouveau magasin de plumes décoratives suscite aujourd'hui un intérêt modéré. Le rez-de-chaussée et le premier étage se confondent dans une niche de la façade ornée d'un profond intrados de marbre de Skyros poli aux couleurs chatoyantes, où sont gravées des lettres d'or et des plumes d'autruche ondulées. Les vitrines arrondies, enchâssées dans le laiton, mènent à la porte. À l'intérieur, un crépi blanc recouvre les murs tout comme le plafond aux poutres apparentes garnies de bois satiné clair. Les tables, surmontées de panneaux de verre, sont, elles aussi, décorées d'ouvrages de marqueterie du même bois, découpé en losanges alternativement clairs et sombres. Les armoires sont rehaussées de laiton. Tout est droit, rigoureusement rectiligne, sans la moindre fantaisie apparente. L'espace semble doublé par l'effet du miroir qui tapisse le mur arrière. L'intérieur est d'une élégance géométrique et d'une netteté absolue, comme si l'ensemble était un coffre fort d'acier ... Les passants s'arrêtent pour observer. Qui a conçu cet endroit ? Loos. Mais oui, Loos ! C'est tout lui.

L'endroit lui ressemble réellement. Il est habillé de la même manière. La boutique et l'appartement de son tailleur, sur Graben, sont aménagés dans le même style, fait de précision, de rigueur, d'exactitude strictement mécanique. (...)

L'on se rappelle en effet comment, il y a huit ans, il a transformé le Café Museum, le premier lieu moderne d'une Vienne gagnée par le sécessionnisme. Aux antipodes des sécessionnistes qui suscitaient son aversion, plongés dans le fantastique de l'époque d'Olbrich, à l'opulence gaiement printanière. Ce jeune homme, récemment revenu d'Amérique, rejette le tout en bloc et souligne l'utilité pure, l'esthétisme du fonctionnel, la noblesse de la routine. (...)

Est-il possible de transcrire les propos qu'il se tient à lui-même, à mi-voix, et qu'il qualifie ensuite de dialogue ? En morceaux de phrase de deux centimètres tout au plus, dépourvus de ponctuation, articulés sur un pied d'égalité. Avec parfois, en filigrane, un épigramme cinglant ou une allégorie révélatrice. Et le sol, tout autour, est jonché d'architectes assassinés. S'il occupait une chaire, les foules convergeraient à ses pieds. Son talent de repentir est sans commune mesure. Une sorte de déplaisir face à son plaisir, à l'instar du célèbre sexe du grincheux de Vienne dans sa période classique, avant la révolution de 1848. C'est également un véritable Viennois par cette facette de sa personnalité, même s'il est né en Moravie, de même d'ailleurs que Josef Hoffmann. Il proteste en outre lourdement : ‹ Est-ce l'Angleterre ? Est-ce l'Amérique ? Loin de là, c'est la Vienne ancienne. Mais les gens sont ainsi ›, soupire-t-il.

132 Haus Duschnitz, Speisezimmer, Blick zum Musiksaal

‹ Lorsqu'ils entrent dans une pièce et voient un merisier jaune : ‹ Biedermeier ! › Et s'ils voient un acajou brun : ‹ moderne ! › Ils se moquent de la forme comme de leur première chemise. ›
Certes, j'ignore ce qu'il adviendra de moi lors de notre prochaine rencontre après toutes ces indiscrétions. Cet homme est l'incarnation d'un nid de guêpes et je plonge la main, encore et encore, dans les profondeurs douloureuses. Il s'est généreusement livré à moi au cours des dernières semaines, à l'occasion de longues promenades dans les différents quartiers de Vienne, où je me suis régalé de dizaines de demeures de ses œuvres. Je m'en sentais obligé depuis que j'avais écrit un jour, à l'époque du Café Museum : ‹ Nous verrons dans quelques années ce qu'il reste de tout cela. › Le scepticisme compréhensible d'un œil devant lequel défile de son pas si chaotique et chamarré le monde des arts décoratifs. (…)
J'ai découvert à présent de nombreuses maisons aménagées par Loos. Minimalistes et précieuses, destinées à autant d'occupants aux besoins spirituels et matériels aussi disparates. Il maîtrise le dépouillement comme le faste, il satisfait à sa guise aux attentes les plus variées. Même le lyrisme ne lui est pas interdit. Comme cette chambre à coucher blanche comme neige est attrayante, désormais métamorphosée en un irrésistible havre de sommeil par les suspensions le long des quatre murs de batiste rayée aérienne derrière laquelle s'éclipsent les meubles ! À l'inverse, comme cette salle à manger en marbre de Pavonazzo est luxueuse, comme ce jardin d'hiver en marbre de Skyros coloré est féerique, ce jardin dont l'unique fenêtre donnant sur la rue est devenue un aquarium où foisonnent les poissons et par lequel se faufile la lumière du jour. L'attrait des matériaux trouve également chez Loos un sens attrayant. Il sait sans se tromper harmoniser les nuances du marbre et soutirer leurs secrets qui s'étendent jusqu'à l'aventure. (…) Il modèle les pièces elles-mêmes selon les besoins, il abat les parois, exploite les angles, corrige les irrégularités par des astuces optiques, rétablit l'aplomb en abaissant les plafonds, construit le mobilier à partir d'une esquisse. (…) Il veille même à la disposition de chandelles dont la flamme confère à ses marbres polis un lustre encore plus raffiné. »*)

*) Ludwig Hevesi, Adolf Loos, in: Altkunst – Neukunst, Wien 1894–1908, Seite 284–288, 22. November 1907, Verlagsbuchhandlung Carl Konegen, Wien 1909.

133 Haus Duschnitz, Speisezimmer

„Denn als ich es in Stuttgart versuchte, auch ein haus ausstellen zu dürfen, wurde mir dies rundweg abgeschlagen. Ich hätte etwas auszustellen gehabt, nämlich die lösung einer einteilung der wohnzimmer im raum, nicht in der fläche, wie es stockwerk um stockwerk bisher geschah. Ich hätte durch diese erfindung der menschheit viel arbeit und zeit in ihrer entwicklung erspart. (...)
Denn das ist die große revolution in der architektur: Das lösen eines grundrisses im raum! Vor Immanuel Kant konnte die menschheit noch nicht im raum denken, und die architekten waren gezwungen, die toilette so hoch zu machen wie den saal. Nur durch die teilung in die hälfte konnten sie niedrige räume gewinnen. Und wie es einmal der menschheit gelingen wird, im kubus schach zu spielen, so werden auch die anderen architekten künftig den grundriss im raume lösen. (...)
Es gibt aber keine entwicklung einmal gelöster dinge. Sie bleiben in der gleichen form durch jahrhunderte, bis eine neue erfindung sie außer gebrauch setzt oder eine neue kulturform sie gründlich verändert.
Das sitzen bei tische während des essens, der gebrauch des bestecks usw. hat sich seit zwei jahrhunderten nicht verändert. Genau so wie sich seit jahrhunderten das befestigen und entfernen einer holzschraube nicht verändert hat, weshalb wir keine veränderung des schraubenziehers zu verzeichnen haben. Seit hundertundfünfzig jahren haben wir denselben sessel. Und hat sich auch alles um uns verändert, haben wir statt des gesandelten bodens den teppich, weil wir auf ihm sitzen, statt der reichen, bildergeschmückten decke die weiße glatte fläche, weil wir unsere bilder nicht am plafond betrachten wollen, statt der kerzen das elektrische licht, statt der reichgetäfelten wand das glatte holz, besser noch den marmor, – die kopie des alten sessels (jede handwerkliche leistung ist kopie, ob die vorlage nun einen monat oder ein jahrhundert alt ist) passt in jeden raum, wie der perserteppich. Nur unter narren verlangt jeder nach seiner eigenen kappe."

Adolf Loos, „Josef Veillich" (1927) in: ders., Sämtliche Schriften, Bd. 1, Wien 1962, S. 438 f.

134 Haus Duschnitz, Buffet im Speisezimmer

135 Haus Duschnitz, Blick vom Musiksaal zum Speisezimmer, Parkettboden mit Tiermedaillons

"Because when I tried to exhibit a house in Stuttgart as well, I was met with rejections all round. I would have had something to show, namely the solution to dividing a living room spatially, not by surface, floor by floor, as it has been up to the present. With this invention I would have saved mankind a lot of work and time in their development.

Because that is the biggest revolution in architecture – the resolution of the plan in space. Before Immanuel Kant, humanity could not think in space and architects were compelled to make the toilet as high as the hall. Only by dividing the space in two could they obtain lower rooms. Just as mankind will be able to play chess in a cube one day, architects of the future will be able to resolve the ground plan in space.

However there is no development once things have been solved. They stay the same for centuries until a new invention renders them obsolete or a new cultural form fundamentally alters them.

Sitting at a table to eat meals, the use of cutlery etc. has not changed in two centuries. In exactly the same way, screwing a wood screw in and out has not changed over the centuries which is why we have not seen any change in screwdrivers. We have had the same chair for over a hundred and fifty years. And even when everything around us has changed, we have carpets instead of earthen floors because we sit on them. Instead of rich, picture-decorated ceilings we have smooth white surfaces because we do not want to look at our pictures on the ceiling and instead of candles, electric light, instead of wall of articulated panels, smooth wood or better, marble. The copy of the old chair (every exercise in craftsmanship is a copy whether the model is from a month ago or a century) fits in every room, like the Persian carpet. It is only among dunces that each demands his own kind of hat."

Adolf Loos, "Josef Veillich," (1927) in: ders., Sämtliche Schriften, Bd. 1, Wien 1962, S. 438 f.

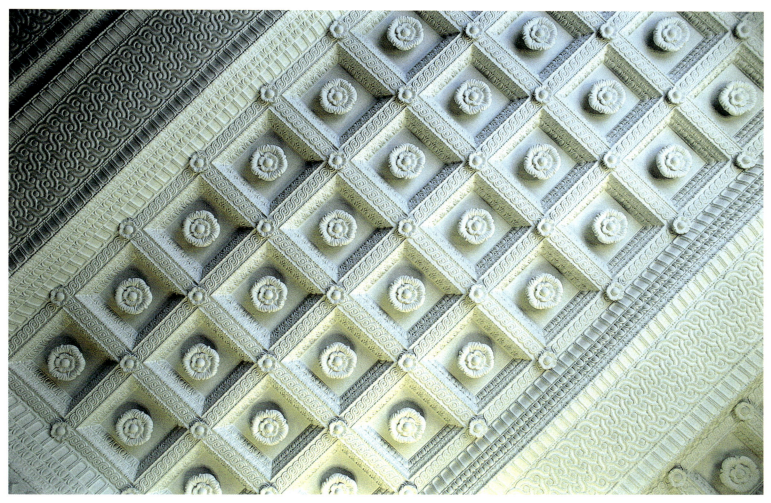

136 Haus Duschnitz, Stuckdecke im Musiksaal

«Perché quando a Stoccarda cercai di partecipare all'esposizione con una mia casa, mi fu decisamente negato. Avrei avuto qualcosa da mostrare, cioè un'abitazione in cui i locali fossero distribuiti nello spazio e non sul piano, come è stato fatto finora, un appartamento sopra l'altro. Grazie a questa soluzione avrei consentito all'umanità di risparmiare parecchio tempo e lavoro sulla via del progresso.

Questa rappresenta una grande rivoluzione nel campo dell'architettura: la soluzione di una pianta nello spazio! Prima di Kant, l'umanità non sapeva ancora pensare nello spazio e gli architetti erano costretti a fare il gabinetto alto quanto il salone. Soltanto dividendo tutto in due potevano ottenere locali più bassi. E come un giorno l'uomo riuscirà a giocare a scacchi su un cubo, così anche gli altri architetti risolveranno il problema della pianta nello spazio.

Non esiste però il progresso per le cose ormai risolte. Esse hanno mantenuto la stessa forma attraverso i secoli, finché in seguito a una nuova scoperta non sono cadute in disuso e una nuova forma di civiltà non le ha radicalmente trasformate.

Il modo di sedere a tavola durante i pasti, l'uso delle posate ecc. si è mantenuto identico da due secoli a questa parte. Così come da secoli non è cambiato il modo di fissare o di togliere le viti da legno, per cui non si è avuto alcun cambiamento nella forma del cacciavite. Da centocinquant'anni abbiamo le stesse sedie. E nonostante tutto quanto si sia trasformato attorno a noi – ora al posto del pavimento di terra battuta abbiamo un tappeto perché ci si possa sedere sopra, al posto del soffitto riccamente decorato con dipinti una superficie liscia e bianca perché i nostri quadri non vogliamo contemplarli sul soffitto, al posto delle candele abbiamo la luce elettrica, al posto della parete rivestita di legni decorati una superficie liscia di legno, o meglio ancora di marmo –, nonostante tutto questo la copia della sedia antica (un'opera di artigianato è sempre una copia, sia che il modello si riferisca a un mese o a un secolo prima) si adatta a qualsiasi ambiente, come il tappeto persiano. Soltanto fra i pazzi ognuno pretende di avere un berretto originale.»

Adolf Loos, «Josef Veillich» (1927) in: ders., Sämtliche Schriften, Bd. 1, Wien 1962, S. 438 f.

137 Haus Strasser, Straßenfassade

138 Haus Strasser, Ansicht vom Garten

139 VILLA HILDA UND KARL STRASSER Wien 13, Kupelwiesergasse 18, 1918/19

140 Haus Strasser, Speisezimmer, Verkleidung aus grün gespachteltem Onyx, Hepplewhite-Sessel von Josef Veillich ausgeführt

« En effet, lorsque je me suis aventuré à Stuttgart à exposer une maison, les objections ont fusé de toutes parts. J'aurais pourtant eu quelque chose à exposer, à savoir la solution de la division d'une pièce d'habitation dans l'espace, et non dans la surface, ainsi que cela se pratiquait à ce jour étage après étage. J'aurais pu grâce à cette invention épargner à l'humanité une grande quantité de travail et de temps dans son développement.

Car il s'agit bel et bien de la grande révolution de l'architecture : la décomposition d'un plan dans l'espace ! Avant Immanuel Kant, l'humanité ne pouvait encore réfléchir en termes d'espace et les architectes étaient tenus d'installer la toilette à la même hauteur que le salon. Ils ne pouvaient obtenir de plus faibles espaces qu'en divisant de moitié. Et tout comme l'humanité réussira un jour à jouer aux échecs dans un cube, les architectes décomposeront à l'avenir le plan dans l'espace.

Le développement ne peut toutefois s'étendre aux problèmes déjà résolus. Les mêmes formes persistent à travers les siècles jusqu'à ce qu'une nouvelle invention en supprime l'usage ou qu'une nouvelle culture les transforme radicalement.

La position assise à table pendant les repas, l'utilisation des couverts, etc., tout cela n'a pas changé depuis deux siècles. De même que la fixation et l'enlèvement d'une vis à bois n'ont connu aucune modification depuis des lustres, raison pour laquelle aucun changement du tournevis n'est à signaler. Nous avons les mêmes fauteuils depuis cent cinquante ans. Et tout autour de nous s'est transformé : nous avons un tapis au lieu de sols de terre battue parce que nous nous y asseyons, nous avons une surface blanche uniforme au lieu de plafonds richement décorés parce que nous n'aimons pas regarder nos tableaux au plafond, nous avons la lumière électrique au lieu de la bougie, nous avons le bois lisse, ou mieux encore, le marbre, au lieu de parois lambrissées garnies, et la copie d'un ancien fauteuil (toute réalisation manuelle est une copie, que le modèle date d'un mois ou d'un siècle) s'adapte à chaque espace, comme le tapis perse. Seuls les fous réclament chacun leur propre bonnet. »

Adolf Loos, « Josef Veillich » (1927) in: ders., Sämtliche Schriften, Bd. 1, Wien 1962, S. 438 f.

141 VILLA JOSEF UND MARIE RUFER Wien 13, Schließmanngasse 11, 1922

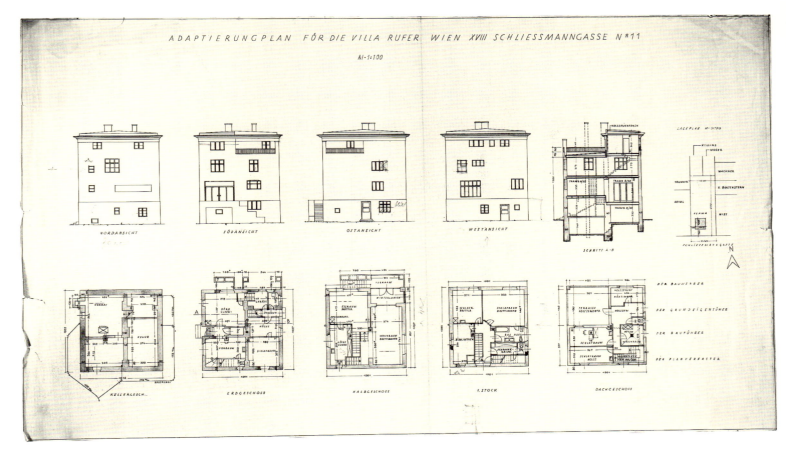

142 Villa Rufer, Adaptierungsplan; Pause

143 Haus Rufer, Treppe in das Obergeschoß

Heinrich Kulka, Mitarbeiter an diesem Haus, schreibt 1931 u. a. folgendes:

„Die Fassaden: Der Rauminhalt bestimmt die äußere Form. Die Fenster sind dort, wo man sie braucht, und in die Flächenbalance gebracht. (Hier mit Hilfe der Kopie eines Parthenonfrieses.) Diese Freiheit wird durch die strenge Würfelform des Hauses ermöglicht. Das Haus hat, weil der Grundriss quadratisch und ohne Risalit ist ein Minimum an Umfassungsmauern (10 x 10 m) und durch die einzige tragende Säule in der Mitte, in welcher der Schlot der Zentralheizung untergebracht ist, ein Minimum an Mittelmauern. Die Zwischenwände sind dünne Gipsdielen oder Holz (Schränke).

Je kleiner der Raumplan sein muß, um so größer muß die Konzentration des Entwerfers sein. Da spielen Zentimeter eine Rolle. Loos hat alles wohldurchdacht ineinandergeschachtelt. Keiner Funktion ist mehr Fläche und Höhe zugeteilt als ihr zukommt. Die offenen Räume bilden ein harmonisches Ganzes. (Außer Raumersparnis, die das Wesentlichste ist, werden auch Zwischenwände und deren Bekleidung erspart.)

Natürlich hat jedes Familienmitglied sein Zimmer, in das es sich zurückziehen kann; Studierzimmer, Bibliothek, Bade-, Schlaf-, Kinderzimmer, Nebenräume haben Türen und sind für sich abgeschlossen. Sonst aber ist das ganze Haus ein Luftraum. Selbst im kleinsten Haus, im Siedlerhaus, arbeitet Loos in diesem Geiste!

Die Besucher des Hauses sind voll Staunens über den Fassungsraum des von außen kleinen Hauses. Das Haus Rufer ist der Standardtypus eines Hauses in dieser Größe. Es kann im wesentlichen nicht mehr verbessert werden."*)

*) Rukschio/Schachel, Adolf Loos, Leben und Werk, Residenz-Verlag, Salzburg und Wien 1982, S. 557.

144 Haus Rufer, Ansicht von Osten

Heinrich Kulka, a colleague who worked on this house, wrote the following in 1931:

"The façades: the inner space determines the outer form. The windows are where they are needed, and contribute to the balance of the space. (Here with the help of a copy of a Parthenon frieze.) This freedom is allowed due to the strict cubular form of the house.
Because the footprint is square and without projections, the house has a minimum of exterior walls (10 x 10 m). The single loadbearing column in the middle, which also houses the central heating flue, means it also has a minimum of interior walls. The partition walls are thin plasterboard or wood (cupboards).
The smaller the floor plan required, the greater the concentration demanded of the designer. Every centimetre is important. Loos has thought everything through; everything has its place and connection with everything else. No function is allocated more area or height than it needs. The open space forms a harmonious whole. (In addition to saving space, the most essential consideration, there are also savings to be made on partition walls and their decoration.)
Of course every family member has their own room into which they can retreat; study, library, bathroom, bedroom, nursery, ancillary rooms, all have doors and can be closed off. And yet the whole house is an airy space. Even in the smallest house, a suburban house, Loos still works in this spirit!
Visitors to the house are amazed by the space available in this house, which looks so small from the outside. The Rufer house is a standard house of this size. Essentially, it cannot be improved."*)

*) Rukschio/Schachel, Adolf Loos, Leben und Werk, Residenz-Verlag, Salzburg und Wien 1982, S. 557.

145 Haus Rufer, Ansicht von der Straße

Nel 1931 Heinrich Kulka, che collaborò alla realizzazione di questa casa, scrive quanto segue:

«Le facciate: il contenuto spaziale determina la forma esterna. Le finestre sono lì dove servono, inserite nell'equilibrio delle superfici. (Qui con l'aiuto della copia di un fregio del Partenone). Questa libertà è consentita dalla rigorosa forma cubica della casa.
Poiché la pianta è quadrata e priva di risalto, le mura perimetrali della casa misurano solo 10 x 10 m e anche le pareti interne sono ridotte al minimo grazie alla singola colonna portante nel mezzo, che ospita la canna fumaria del riscaldamento centrale. Le pareti divisorie sono fatte di sottili pannelli di gesso o legno (armadi).
Quanto più piccolo deve essere il Raumplan, tanto maggiore deve essere la concentrazione del progettista. Perché anche i centimetri sono importanti. Loos ha studiato le relazioni fra i vari spazi fin nei minimi dettagli. A nessuna funzione è data più superficie e altezza di quanta gliene spetti. Gli spazi aperti costituiscono un insieme armonioso. (Oltre al risparmio di spazio, che è l'aspetto essenziale, si ottiene anche un risparmio in termini di pareti divisorie e del loro rivestimento.)
Ovviamente ogni membro della famiglia ha la propria camera in cui potersi ritirare; lo studio, la biblioteca, la stanza da bagno, la camera da letto, la camera dei bambini, i locali di servizio sono dotati di porte e costituiscono ambienti separati. Per il resto, però, la casa nel suo complesso dà l'idea di uno spazio arioso. Persino per l'abitazione più piccola Loos lavora con questo spirito!
Chi visita la casa rimane esterrefatto per la spaziosità di questa dimora all'apparenza così piccola. Casa Rufer è il modello tipo delle case di queste dimensioni ed essenzialmente non ha nulla che possa essere migliorato.»*)

Heinrich Kulka, qui a participé à la construction de cette maison, a entre autres écrit en 1931 :

« Les façades : le contenu de la pièce préside aux formes extérieures. Les fenêtres sont placées là où l'habitant en a besoin et inscrites dans l'équilibre des surfaces. (En l'occurrence, à l'aide d'une copie d'une frise du Parthénon.) Cette liberté est permise grâce à la forme cubique rigoureuse de l'édifice.
L'épure étant carrée et dépourvue de ressaut, la maison comporte un minimum de murs d'enceinte (10 x 10 m) et, du fait de l'unique colonne porteuse au centre, dans laquelle est logée la cheminée du chauffage central, un minimum de murs de séparation intérieurs. Les cloisons sont faites de minces planches de plâtre ou de bois (armoires).
Plus le plan de l'habitation doit être petit, plus la concentration du concepteur doit être grande. Le moindre centimètre a son importance. Loos a tout imbriqué soigneusement. Aucune fonction n'a reçu une surface ou une hauteur plus grande que celle qui lui était indispensable. Les espaces ouverts forment un ensemble harmonieux. (Hormis le gain de place, qui constitue l'élément primordial, une économie est également réalisée dans les murs intermédiaires et leurs revêtements.)
Chaque membre de la famille dispose naturellement d'une pièce propre dans laquelle il peut se retirer : la salle d'étude, la bibliothèque, la salle de bains, la chambre à coucher, les chambres d'enfants et les arrière-salles sont munies de portes et se suffisent à elles-mêmes. Pour le reste, la maison tout entière est toutefois un espace aérien. Même dans les maisons les plus exiguës, les maisons de rangée, Loos observe cette philosophie !
Les visiteurs sont abasourdis par le volume habitable de cette maison apparemment modeste. La maison Rufer est l'archétype d'une maison de cette dimension. Elle ne saurait pour l'essentiel être encore améliorée. »*)

*) Rukschio/Schachel, Adolf Loos, Leben und Werk, Residenz-Verlag, Salzburg und Wien 1982, S. 557.

146 Haus Rufer, Wohnhalle mit Treppenaufgang

„Der tapezierer, dem man nicht viel anhaben konnte, da er in früheren jahrhunderten am allerwenigsten zu tun hatte und daher nicht gut verhalten werden konnte, alte muster nachzuahmen, hatte seinen vorteil bald heraus und warf eine unzahl neuer formen auf den markt. Es waren möbel, die so vollständig gepolstert waren, dass man das holzwerk des tischlers nicht mehr erkennen konnte. Man jubelte den sachen zu. Das publikum hatte die archäologie nachgerade satt und war froh, möbel in sein heim zu bekommen, die seiner zeit angehörten, die modern waren. Der tapezierer hatte seinen vorteil bald erkannt. Der brave mann, der in früheren zeiten fleißig die heftnadel geführt und matratzen gestopft hatte, ließ sich nun die haare wachsen, zog ein samtjaquet an, band sich eine flatternde krawatte um und wurde zum künstler. Auf seinem firmenschilde löschte er das wort ‚polsterer' aus und schrieb dafür ‚dekorateur'. Das klang."

Adolf Loos, „Interieurs" (1898) in: ders., Sämtliche Schriften, Bd. 1, Wien 1962, S. 34 f.

147 Haus Rufer, Ansicht vom Garten

148 VILLA KAROLINE UND FRITZ REITLER Wien 13, Elßlergasse 9, 1922

149 Villa Reitler, Ansicht von der Seite

150 HERRENMODESALON P. C. LESCHKA & CO. Wien 1, Spiegelgasse 13, 1923

"The upholsterer who hasn't done anyone any harm because in centuries past he had very little to do and therefore could not be exhorted to copy old forms, soon found out how to put his advantage to good use and flooded the market with countless new forms. Furniture so completely upholstered that the cabinetmaker's woodwork was no longer recognisable. This was generally approbated. The public was fed up of archaeology and was happy to have furniture at home appropriate to the times, that was modern. The upholsterer saw the advantage very quickly. The good man who, in earlier times had diligently plied his needle in the making of stuffed mattresses, now let his hair grow, put on a velvet jacket tied a cravat round his neck and became an artist. He deleted the word upholsterer from his company sign and wrote in 'decorateur'. That had a ring to it."

Adolf Loos, "Interiors" (1898) in: ders., Sämtliche Schriften, Bd. 1, Wien 1962, S. 34 f.

151 LANDHAUS CARLA SPANNER Gumpoldskirchen, Rotes Mäuerl, NÖ, 1924 Ansicht der Südfassade (verändert), Verschalung durch grün bestrichene Holzverkleidung, weiße Leisten decken die Stöße ab

«Il tappezziere, a cui non c'era maniera di far intendere ragione, in quanto nei secoli precedenti aveva avuto meno lavoro di tutti ed era quindi difficile ora frenarlo nella sua opera di imitazione degli antichi, si trovò ben presto in una posizione di vantaggio e poté gettare sul mercato una quantità innumerevole di nuove forme. Erano mobili talmente imbottiti che era praticamente impossibile riconoscervi la struttura in legno del falegname. Queste cose furono accolte con giubilo. Il pubblico ne aveva ormai abbastanza dell'archeologia ed era felice di poter sistemare nella propria casa mobili del proprio tempo che avevano un aspetto moderno. Il tappezziere riconobbe ben presto la sua posizione di vantaggio. Il brav'uomo che in altri tempi aveva diligentemente lavorato con l'ago e imbottito i materassi si lasciò crescere i capelli, indossò una giacca di velluto, si annodò attorno al collo una cravatta svolazzante e divenne un artista. Dall'insegna della sua ditta cancellò la parola ‹tappezziere› e scrisse al suo posto ‹decoratore›. Suonava bene.»

« Le tapissier, auquel l'on ne pouvait guère adresser de reproches tant il est vrai que son travail était extrêmement limité durant les derniers siècles et qu'il ne pouvait dès lors être invité à s'inspirer d'anciens modèles, n'a pas tardé à mettre à profit son avantage pour lancer sur le marché une kyrielle de nouvelles formes. Certains meubles ont été rembourrés à un point tel qu'il est devenu impossible de déceler le travail de l'ébéniste sur le bois. Cette pratique fut acclamée. Le public s'était finalement lassé de l'archéologie et se réjouissait de disposer dans son habitation des meubles qui appartenaient à son époque, qui étaient modernes. Le tapissier a rapidement identifié son avantage. Ce brave homme qui par le passé s'appliquait laborieusement à guider l'aiguille et à rembourrer des matelas se faisait à présent laver les cheveux, portait une jaquette de velours, se nouait autour du cou une cravate flottant au vent. Il était devenu un artiste. Il a alors effacé sur l'enseigne de sa boutique le mot ‹ rembourreur › et l'a remplacé par ‹ décorateur ›. Cela sonnait bien. »

Adolf Loos, «Interni – Intérieurs» (1898) in: ders., Sämtliche Schriften, Bd. 1, Wien 1962, S. 34 f.

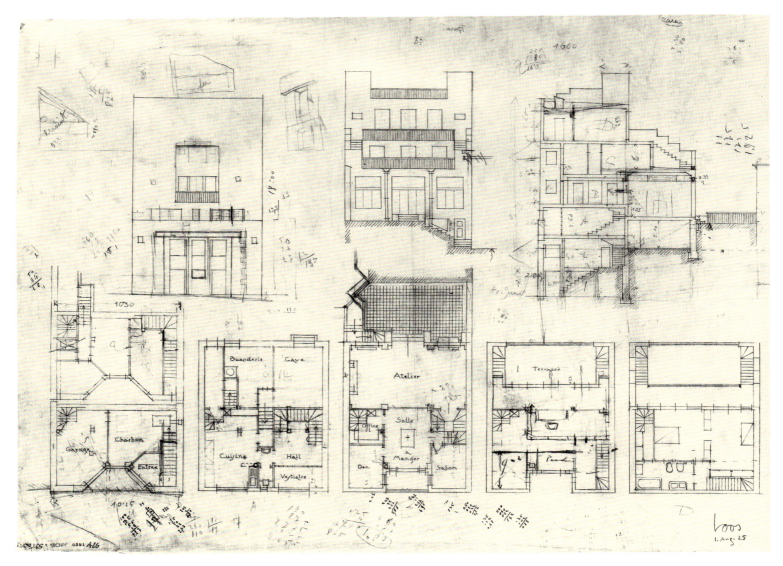

152 HAUS TRISTAN TZARA Einreichplan, 1. Fassung; Bleistift auf Transparentpapier

„Meine schüler teilen sich in ordentliche und außerordentliche hörer. Die ordentlichen hörer arbeiten in meiner baukanzlei, die außerordentlichen können meine vorträge anhören. Es bereitet mir eine große genugtuung, dass die hörer unserer beiden staatlichen bauschulen, der technischen hochschule und der akademie, ein starkes kontingent meiner zuhörerschaft lieferten. Drei gegenstände wurden gelehrt: innerer ausbau, kunstgeschichte und materialkunde. Die schwarzwaldschen schulanstalten stellten mir ihre schulräume zur verfügung, wofür ich der leiterin, frau dr. Eugenie Schwarzwald, meinen und meiner hörer innigsten dank sage. Die anstalt hatte sicher sehr unter anfeindungen zu leiden. Der andrang jedoch war so groß, dass ich durch zwei schulsäle, die durch eine doppeltüre verbunden waren und von denen jeder vierzig personen fasste, durchsprechen musste. Aus allen kreisen kamen hörer; gäste aus dem auslande, die sich zu kurzem aufenthalt in Wien befanden, wollten mich hören, und der arme student saß neben der prinzessin.

Ein lehrer unserer hochschule hat seinen schülern mitten im schuljahre den besuch meiner vorträge verboten. Ich bin ihm dafür dank schuldig. Die charaktervollen blieben und von den anderen hat er mich befreit.

Ordentliche hörer hatte ich nur drei. Einer hatte die höhere gewerbeschule absolviert, zwei waren einige semester an der technischen hochschule inskribiert gewesen, hatten aber keine bautechnischen vorkenntnisse. Meine methode ist es, sofort an einem projekt alle technischen und architektonischen details durchzunehmen. Die äußere gestaltung knüpft traditionell dort an, wo die Wiener architekten die tradition verlassen haben. Es liegt in der art der schule, dass die schüler ihre arbeiten vergleichen, dass einer vom anderen lernt. Die projekte mussten von innen nach außen gestaltet werden, fußboden und decke (parketten und kassettenteilung) waren das primäre, die fassade das sekundäre. Auf genaue achsenausteilung, auf die richtige möblierung wurde das größte gewicht gelegt. Auf diese weise brachte ich meine schüler dazu, dreidimensional, im kubus zu denken. Wenige architekten können das heute; mit dem denken in der fläche scheint die erziehung des architekten heute abgeschlossen."

Adolf Loos, „Meine Bauschule" (1913) in: ders., Sämtliche Schriften, Bd. l, Wien 1962, S. 324 f.

153 Haus Tristan Tzara, Paris XVIII, 15, Avenue Junot, Frankreich, 1925/26
Tristan Tzara war Schriftsteller und Dadaist und beauftragte Loos dieses Wohn- und Atelierhaus zu bauen

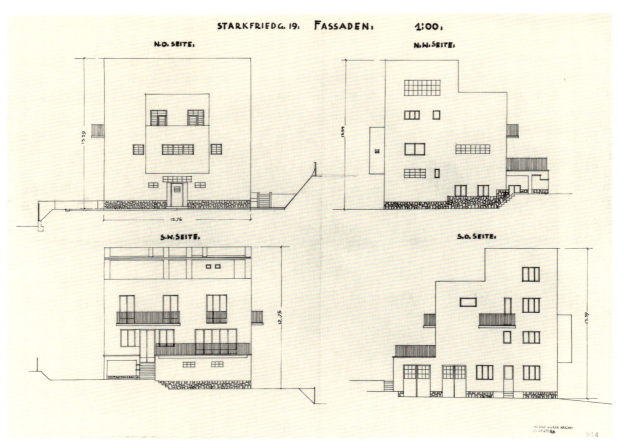

154 VILLA HANS UND ANNY MOLLER linke Seite: Straßen und Gartenfassade, rechts die seitlichen Fassaden; Tusche auf Papier

155 Villa Moller, Straßenseite

156 Villa Moller, Wien 19, Starkfriedgasse 19, 1927/28

157 Haus Moller, Ansicht von der Straße

Der wesentlichste Baugedanke von Adolf Loos ist das freie Planen im Raum unter Einbeziehung des dreidimensionalen Denkens; die sogenannte Raumplan-Theorie. Nach mehreren Häusern mit unsymmetrischen Fassaden steigert er sich beim Haus Moller virtuos.

Adolf Loos' most essential structural concept is of open-plan space taking account of three-dimensional thinking; what is known as the "spatial plan" theory. After several houses with asymmetrical façades he reached a masterly peak with the Moller House.

Il principio base del concetto costruttivo di Adolf Loos è la libera progettualità nello spazio fondata sul pensiero tridimensionale: la cosiddetta teoria del *Raumplan*. Dopo diverse case con facciate asimmetriche, Loos realizza un'opera magistrale con la casa Moller.

Le concept architectural le plus important d'Adolf Loos réside dans la planification libre dans l'espace par l'inclusion de la pensée tridimensionnelle, la théorie dite du plan de l'espace. Après plusieurs maisons aux façades asymétriques, il excelle dans son art pour la maison Moller.

158 Villa Moller, Gartenansicht

"My students are divided into graduating and non-graduating students. The graduating students work in my architectural office, the non-graduating can listen to my lectures. I derive great satisfaction from the fact that the students of both federal schools of building – the technical college and the academy – supply a large contingent of my audience. Three subject were taught: interior improvements, art history and the science of materials. The Schwarzwald school board have provided me with rooms for which I would like to record heartfelt thanks to their head, Dr. Eugenie Schwarzwald, both on behalf of myself and my audience. The institution certainly had to suffer from enmity. Attendance was so great I had to speak to people in two classrooms which are usually separated by a double door, each of which holds forty. The audience came from all kinds of circles, guests from overseas who were only in Vienna for a short visit wanted to hear me and the poor student sat next to the princess.

In the middle of the college year, one teacher in our college forbad his students to attend my lectures. I owe him a thank you for that. Those with character stayed and he freed me of the others.

I only had three graduating students. One of them had completed a course at Trade School, two had been registered for a couple of semesters at the Technical College but had no previous knowledge of building. My method is to take a project and go through all the technical and architectonic details from the beginning. Exterior design traditionally starts at the point where Viennese architects have left tradition behind. It is in the nature of the college that students compare their projects, that one learns from the other. The projects had to be designed from the inside out; floors and ceilings (parquet and wall panels) were central, the façade was secondary. Great weight was given to the exact positioning of axes, on the correct furnishings. In this way I brought my students to think in three dimensions, in cubes. Few architects can do this nowadays; the education of architects today appears to be complete with thinking in surfaces."

Adolf Loos, "My School of Building" (1907) in: ders., Sämtliche Schriften, Bd. 1, Wien 1962, S. 324 f.

159 Villa Moller, Sitzecke im straßenseitigen Erker

«I miei allievi si suddividono in studenti ordinari e straordinari. Gli studenti ordinari lavorano nel mio studio, quelli straordinari possono frequentare le mie lezioni. È stato per me motivo di profonda soddisfazione il fatto che gli studenti delle nostre due scuole statali di architettura, il politecnico e l'accademia, abbiano rappresentato un forte contingente del mio uditorio. Tre cose venivano insegnate: il costruire dall'interno verso l'esterno, la storia dell'arte e la conoscenza dei materiali. Gli istituti schwarzwald hanno messo a mia disposizione le loro aule ed è per questo che io e i miei allievi esprimiamo la nostra più profonda gratitudine alla direttrice, signora Eugenie Schwarzwald. L'istituto avrà certamente dovuto far fronte a una notevole ostilità. L'affluenza è stata però così grande che ho dovuto fare lezione a due aule, collegate da una doppia porta, e ognuna delle aule conteneva quaranta persone. Gli uditori provenivano da tutti gli ambienti, vi erano anche stranieri che si trovavano a Vienna per un breve soggiorno e volevano ascoltarmi, e lo studente povero sedeva accanto alla principessa.

Un professore della nostra università, a metà dell'anno accademico, ha proibito ai suoi allievi di assistere alle mie lezioni. Gli devo per questo la mia riconoscenza. Gli studenti di carattere sono rimasti, mentre sono stato liberato dagli altri.

Gli studenti ordinari erano soltanto tre. Uno aveva frequentato la scuola superiore di Arti e Mestieri, due erano stati iscritti per alcuni semestri al Politecnico ma non avevano alcuna preparazione per quanto riguarda la tecnica delle costruzioni. Il mio metodo consiste nell'affrontare fin dall'inizio, in un progetto, tutti i dettagli tecnici e architettonici. La forma esterna si riallaccia alla tradizione proprio in quel punto dove gli architetti viennesi l'hanno abbandonata. È nel carattere della scuola che gli allievi mettano a confronto i loro lavori in modo che gli uni imparino dagli altri. I progetti dovevano svilupparsi secondo un processo che andava dall'interno verso l'esterno, il pavimento e il soffitto (pavimento di legno e soffitto a cassettoni) dovevano essere risolti per primi, la facciata veniva in seguito. Si attribuiva la massima importanza alla distribuzione ordinata delle parti e alla sistemazione logica degli arredi. In questo modo ho insegnato ai miei allievi a pensare in tre dimensioni, a pensare al cubo. Sono pochi gli architetti che oggi lo sanno fare. Oggi sembra che la preparazione dell'architetto sia conclusa quando ha appreso a pensare sul piano.»

Adolf Loos, «La mia scuola di architettura» (1907) in: ders., Sämtliche Schriften, Bd. l, Wien 1962, S. 324 f.

160 Villa Moller, Stiegenaufgang

« Mes étudiants se divisent en auditeurs ordinaires et extraordinaires. Les auditeurs ordinaires travaillent dans mon cabinet d'architecture et les extraordinaires peuvent assister à mes conférences. Je retire une profonde satisfaction au constat que les étudiants de nos deux écoles publiques d'architecture, la haute école technique et l'académie, forment un large contingent de mon auditoire. Trois matières sont enseignées : l'aménagement intérieur, l'histoire de l'art et la connaissance des matériaux. Les autorités de l'enseignement de la forêt-noire ont mis leurs locaux à ma disposition. J'en remercie d'ailleurs chaleureusement la directrice, madame Eugenie Schwarzwald, en mon nom propre et au nom de mes étudiants.

L'organisme a certainement subi moult volées de bois vert. L'affluence atteignait toutefois une telle ampleur que je devais parler à travers deux salles de classe, qui communiquaient habituellement par une double porte et accueillaient chacune quarante personnes. Les auditeurs étaient issus de tous les milieux : les visiteurs étrangers qui faisaient un bref séjour à Vienne voulaient m'écouter, et l'étudiant pauvre côtoyait la princesse.

Un professeur de notre haute école a interdit à ses étudiants au milieu de l'année scolaire de prendre part à mes conférences. Je lui en suis reconnaissant. Les caractères forts sont restés et il m'a libéré des autres.

161 Villa Moller, Interieur. Blick vom Musiksaal in das Speisezimmer, Wandverkleidung aus Okumé-Sperrplatten, Pfeiler aus Travertin

J'ai eu seulement trois auditeurs ordinaires. L'un était diplômé de la haute école de commerce et les deux autres avaient été inscrits pendant quelques semestres à la haute école technique, mais ne possédaient aucune connaissance technique préalable de la construction. Ma méthode consistait à prendre un projet et à passer immédiatement en revue l'ensemble des détails techniques et architecturaux. La conception extérieure se raccroche traditionnellement à l'endroit où les architectes viennois ont abandonné la tradition. Il appartenait à la nature de l'école que les étudiants comparent leurs travaux, qu'ils apprennent l'un de l'autre. Les projets devaient être conçus depuis l'intérieur vers l'extérieur; les sols et les plafonds (parquets et panneaux) étaient l'essentiel et la façade l'accessoire. La plus grande importance était accordée à la répartition précise des axes, à l'ameublement opportun. J'ai ainsi amené mes étudiants à penser en trois dimensions, en cube. Peu d'architectes en sont capables aujourd'hui ; la formation d'un architecte semble se terminer par la réflexion dans une surface. »

Adolf Loos, « Mon école d'architecture » (1907) in: ders., Sämtliche Schriften, Bd. 1, Wien 1962, S. 324 f.

162 VILLA DR. ING. FRANTIŠEK UND MILADA MÜLLER Prag, XVIII, Stresovicka 820, (mit Karel Lhota), 1928/30

163 Villa Müller, Ansicht vom Garten

František Müller beschreibt die Arbeitsweise von Adolf Loos:

„Das Prinzip der Raumordnung besteht bei Loos in der Gruppierung der einzelnen Räume mit ihren Flächen und Ebenen in angemessenen Höhenunterschieden um das Treppenhaus herum, so, wie sie im Tagesablauf der Benutzung entsprechen. Dabei entsteht beim Steigen der verschiedenen Treppen kein Eindruck von Kraftaufwand, derart müssen die Treppenläufe menschengerecht und übersichtlich angeordnet sein. Diesen Eindruck von Selbstverständlichkeit hat Loos stets bei seinen Lösungen durch Raum- oder Fensterachsen ebenso unterstrichen wie bei der Dimensionierung der Treppen oder anderem."*)

František Müller wrote about Adolf Loos' work habits:

"For Loos, the principle of designing interior space consists of grouping the individual rooms with the spaces and levels at reasonable height differences around the stairwell, corresponding to the way the day is spent. Climbing the various stairs should not give a perception of effort, and so the steps must be arranged to give an open overview, and be of human proportions. In his designs for the layout of rooms and windows, Loos has always highlighted this impression of self-evident practicality, as he does in creating the dimensions of stairs or other features."*)

František Müller scrisse sul modo di lavorare di Adolf Loos:

«In Loos il principio della disposizione spaziale consiste nel raggruppare tutt'attorno al vano scala i singoli ambienti, con le loro superfici e i loro piani disposti, proporzionatamente, a diverse altezze, in modo da corrispondere allo svolgimento della giornata. In tal modo, man mano che si salgono le scale non si ha alcuna impressione di affaticamento; ecco perché le varie scale devono essere disposte in maniera ordinata e a misura d'uomo. Nelle sue soluzioni Loos ha sempre sottolineato questa impressione di naturalezza per mezzo degli assi spaziali e delle finestre così come attraverso il dimensionamento delle scale o in altro modo.»*)

František Müller a écris sur la manière de travailler de Adolf Loos:

« Le principe de l'aménagement de l'espace se traduit chez Loos par le regroupement des pièces individuelles, chacune correspondant à sa surface et à son niveau, à des décalages appropriés de la hauteur autour de la cage d'escalier, de manière à refléter le déroulement de la journée. La montée des escaliers ne suscite par ailleurs aucune impression de dépense d'énergie et les escaliers doivent en conséquence être agencés dans un style transparent et conforme à l'être humain. Loos a toujours mis en exergue cette impression de simplicité dans ses solutions par le biais d'axes de pièces et de fenêtres, ainsi qu'à travers le dimensionnement des escaliers ou d'autres paramètres. »*)

*) Rukschio/Schachel, Adolf Loos, Leben und Werk, Residenz-Verlag, Salzburg und Wien 1982, S. 646.

164 Villa Müller, Schrägansicht mit Speisezimmererker

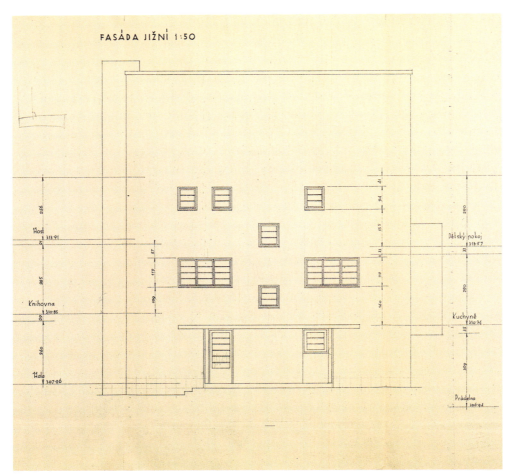
165 Villa Müller, Südwestfassade, 1929

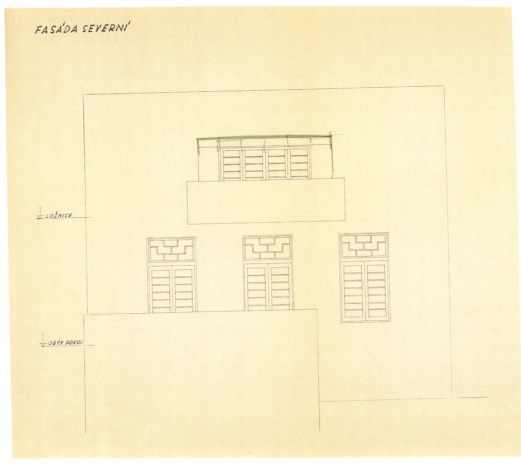
166 Villa Müller, Nordwestfassade, Korrekturen mit Bleistift von Adolf Loos, 1929

167 Villa Müller, Fassade mit Eingang

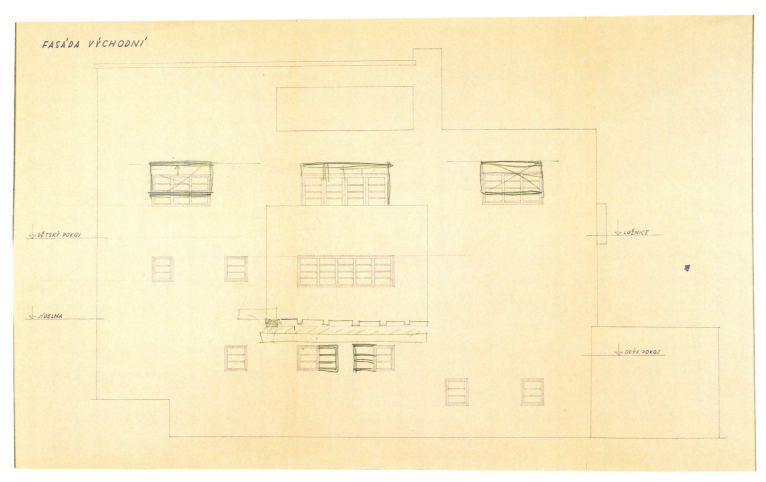
168 Villa Müller, Südostfassade; Korrekturen mit Bleistift von Adolf Loos, 1929

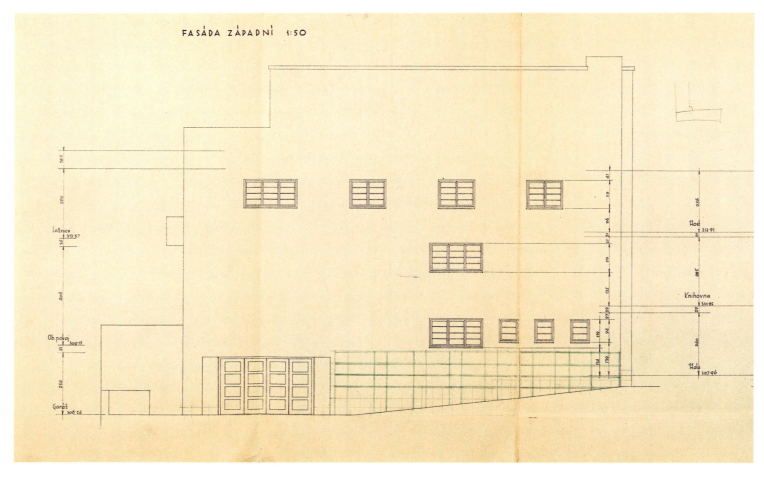
169 Villa Müller, Nordwestfassade; mit grünem Stift ist das Gerüst für die Kletterpflanzen markiert

170 Villa Müller, Nordostansicht

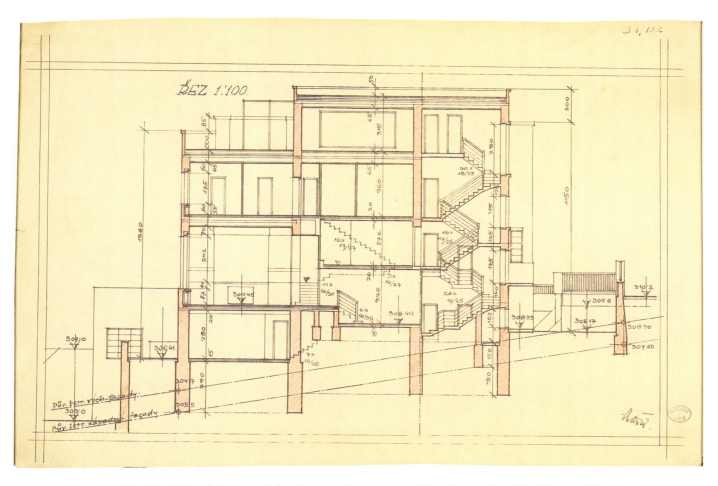

171 Villa Müller, Schnitt durch das Haus; der Plan basiert auf einen Entwurf von Karel Lhota, 1928

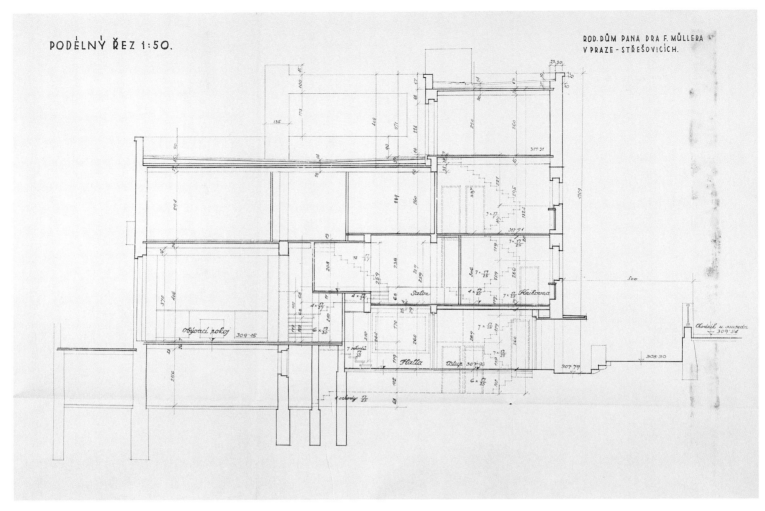

172 Villa Müller, Schnitt durch das Haus mit dem Damenboudoir und dem Herrenzimmer; Entwurf von Karel Lhota und Adolf Loos, 1929

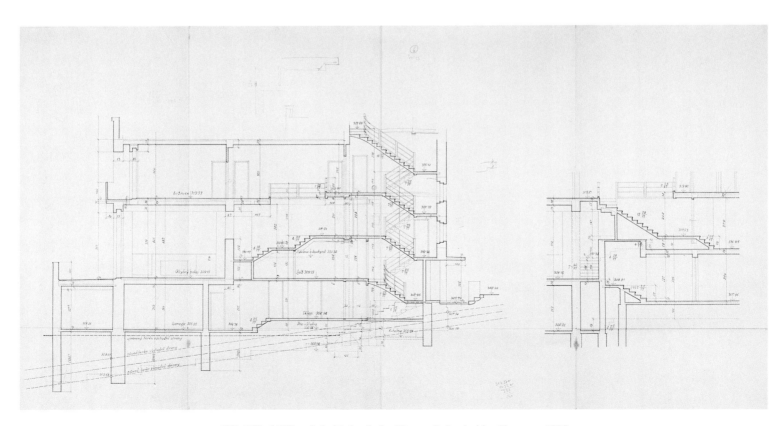

173 Villa Müller, Schnitt durch das Haus mit den beiden Treppen, 1929

174 Villa Müller, zentrales Treppenhaus

175 Villa Müller, Vestibül, Wände aus Opalglas

176 Villa Müller, Eingangsnische mit Gästegarderobe

177 Villa Müller, Wohnhalle mit Aufgang zum Damenzimmer, Fenster aus der Sitznische des Damenboudoirs.
Der Marmor ist ein Cippolino de Saison aus dem Rhone-Tal. Links die Bronzebüste von Anton Müller, dem Vater des Hausbesitzers

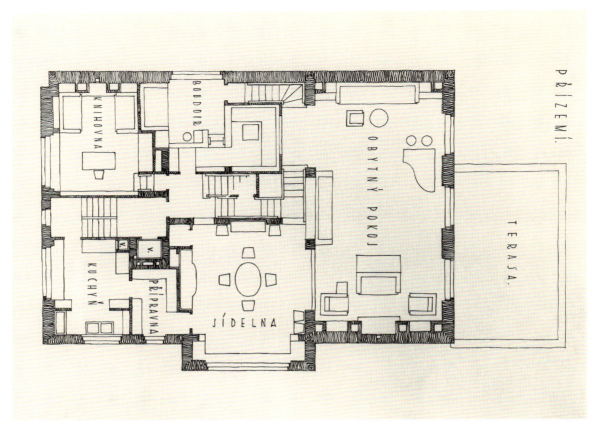

178 Villa Müller, Grundriss Erdgeschoß, Schwarzpause

„Ich entwerfe keine grundrisse, fassaden, schnitte, ich entwerfe raum. Eigentlich gibt es bei mir weder erdgeschoß, obergeschoß noch keller, es gibt nur verbundene räume, vorzimmer, terrassen. Jeder raum benötigt eine bestimmte höhe – der essraum eine andere als die speisekammer – darum liegen die decken auf verschiedenen höhen. Danach muss man diese räume so miteinander verbinden, dass der übergang unmerklich und natürlich, aber auch am zweckmäßigsten wird. Das ist, wie ich sehe, für andere ein Geheimnis, für mich eine selbstverständlichkeit. Diese raumlösung habe ich vor jahren für das kaufhaus Goldman & Salatsch gefunden, besonders betont beim (…) kriegsministerium in Wien, wo die säle im mittleren trakt angeordnet waren und die kanzleien mit niedrigerer geschoßhöhe drumherum, eine kolossale ersparnis im raum – niemand hat es bemerkt."*)

"I do not design floor plans, façades, sections, I design space. Essentially I do not see things in terms of ground floor, upper storey or cellar, there are only interlinked rooms, antechambers, terraces. Every room needs a specific height – the dining room different from the pantry – and so the ceilings are at different heights. Then these rooms need to be connected so that the transition is natural and not noticeable, but also serves the best practical purpose. As I see it, this is a mystery to others, but to me quite obvious. I found this spatial solution years ago with the Goldman & Salatsch store, and applied it particularly emphatically with the (…) War Ministry building in Vienna, where the halls were arranged in the central area and the offices with a lower ceiling height around them, a colossal space saving – no-one noticed it."*)

«Io non progetto piante, facciate, sezioni, io progetto lo spazio. Nelle mie costruzioni non vi sono pian terreno, piano superiore né cantina, vi sono soltanto spazi collegati, anticamere, terrazze. Ogni spazio richiede una determinata altezza (la sala da pranzo avrà un'altezza diversa dalla dispensa), ecco perché i soffitti hanno altezze differenti. Dopodiché bisogna collegare questi spazi gli uni agli altri in modo che il passaggio divenga impercettibile e naturale, ma anche il più funzionale possibile. Questo è il mio modo di vedere, per altri, come noto, un mistero, per me un'ovvietà. Trovai questa soluzione spaziale anni addietro per l'edificio Goldman & Salatsch, sottolineata in particolare nel (…) Ministero della Guerra a Vienna, dove le sale erano disposte nell'ala centrale e gli uffici con i soffitti più bassi si sviluppavano tutt'attorno, un enorme risparmio di spazio, ma nessuno l'ha notato.»*)

« Je ne conçois pas de plans, de façades ou de vues en coupe, je conçois des espaces. Il n'existe pour moi en réalité ni rez-de-chaussée, ni étage, ni cave, il y a seulement des antichambres, des terrasses, des espaces reliés entre eux. Chaque espace requiert une hauteur déterminée – la salle à manger une hauteur distincte du garde-manger, par exemple – et c'est pourquoi les plafonds sont placés à différentes hauteurs. Il faut ensuite jeter des ponts entre les espaces de telle sorte que le passage de l'un à l'autre s'effectue naturellement, sans heurt, mais aussi dans la plus grande fonctionnalité. D'après ce que j'ai pu constater, c'est pour d'autres un mystère, et pour moi une évidence. J'ai imaginé cette décomposition de l'espace il y a quelques années pour le magasin Goldman & Salatsch et je l'ai particulièrement accentuée (…) au ministère de la guerre à Vienne, où les salles étaient agencées dans la partie centrale de l'édifice et les secrétariats tout autour à une hauteur d'étage inférieure – une économie d'espace substantielle que personne n'a remarquée. »*)

*) Adolf Loos, zitiert nach Karel Lhota, „Architekt A. Loos", in Architekt SIA, Prag, 32. Jg., 1933, Nr. 8, S. 143.

179 Villa Müller, Wohnhalle mit Blick zum Speisezimmer

180 Villa Müller, Speisezimmer, Mahagoni-Möbel, Kassettendecke, ovaler Tisch mit Syenitplatte, Chippendale-Sessel

181 Villa Müller, Badezimmer

182 Villa Müller, Waschbecken der Gästetoilette

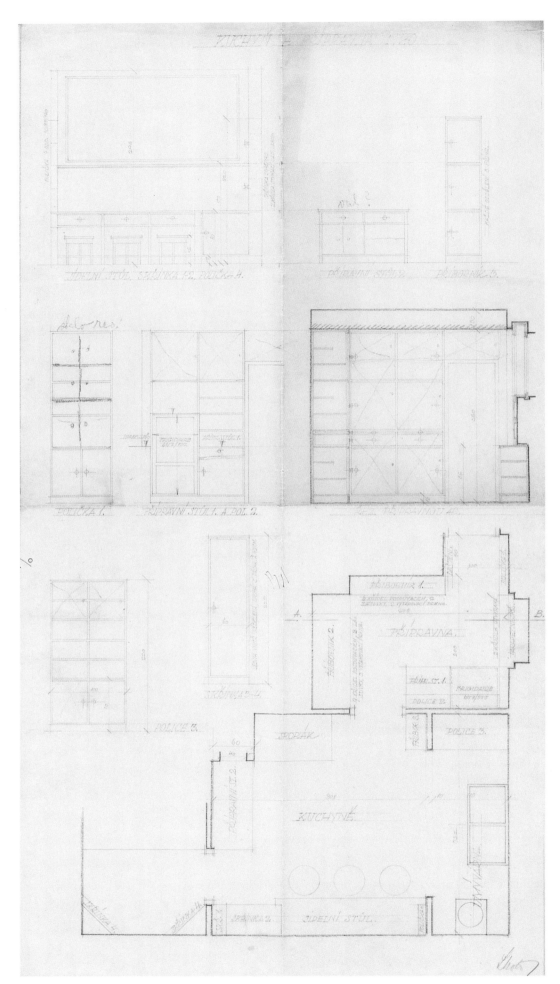

183 Villa Müller, Grundriss der Küche und dem Raum für die Vorbereitung der Speisen, Entwurf und Anordnung des Mobiliars von Karel Lhota

184 Villa Müller, die Küche

„An der Straße hinter Bubenitsch, dem Villenvorort von Prag, steht ein Haus von stattlicher Höhe. Die wenigsten regellos verteilten Fenster erscheinen kleiner, als sie in Wirklichkeit sind. Vor dem Eingang begrüßt uns zum erstenmal ein Hauch von Behagen. In gelbgesprenkeltem Stein ist eine Art Loggia ebenerdig eingefügt. Einige Stufen und wir befinden uns im Vorraum mit der Kleiderablage und schon ist das Raumerlebnis da. Über der schneeigen Weiße der quadratischen Pfeiler spannt sich eine Decke, deren sattes Blau mit dem Abendhimmel von Venedig wetteifert. Die Heizkörper liegen bloß, daran erkenn ich Loos. Wieder einige Stufen in einem schmalen Gang – der mit einem Treppenhaus nichts zu tun hat – und ganz überraschend springt uns ein mächtiger Raum entgegen, ein Raum ohne Türe, dessen donnernde Ruhe uns einen Augenblick zu Boden schmettert. Die Halle oder der Salon, jedenfalls der große Gesellschaftsraum, hat eigentlich nur drei Wände, wie wir erst nach einer Weile der Sammlung gewahren, an Stelle der vierten Wand stehen nur eckige Marmorpfeiler, und balkonartige Ausschnitte, durch welche man in die höheren Ebenen aufblickt. Die Halle, deren drei mächtige Fenster in die grandiose Landschaft schauen, ist trotz ihres erhabenen Stils ein familiärer behaglicher Aufenthalt, der von Freundschaft und Geselligkeit durchwohnt scheint. Ein imposantes Sofa in stiefmütterchenfarbigem Plüsch füllt die eine Wand wie eingegossen, auf der anderen Seite, wo der trauliche Kamin winkt, hat sich ein ganzes Rudel von Fauteuils angesiedelt, die man sich von herrschgewohnten Männern und Frauen bevölkert denkt. Welch ein Gesellschaftstreiben! Aber wir träumen ja. Wir sind ganz allein. Mit den Schleierfischen, die hinter gläsernen Scheiben, die man in die Marmorwand eingelassen hat, in seligem Gleichgewicht schweben. Hier wollen wir verweilen. Goethe behauptet, ein gestalteter Raum müsse sich auch mit geschlossenen Augen fühlen lassen. Schneeige Stufen schneiden den Raum in der Höhe ab. Es gibt da nämlich kein raumfressendes Treppenhaus; auch keine richtigen Etagen, sondern nur ineinandergeschobene Räume nach dem Vorbild der unendlichen Melodie oder eigentlich des Schneckenhauses mit seiner spiraligen Anordnung. Es ist schwer, diese Dreidimensionalität mit sprachlichen Mitteln wiederzugeben.

Wie wir in das Wohnzimmer gezaubert sind, ist schwer zu sagen. Durch eine Tapetentür. Gleich einem Schwalbennest ist es in die Halle geschmiegt, in welche man durch Glasscheiben blicken und die Gesellschaft ungesehen von oben beobachten kann. In alten Märchenbüchern gibt es solche Balkone. Das Gemach, ein Scherzo in Zitronenholz, aus hellsten, gemaserten Holzwürfeln, vibriert von Lustigkeit. Die kleine Gesellschaft versinkt in der Goldigkeit dieser Helle, sprachlos die Stimmung auskostend. Ein mächtiger Bergkristall, doppelt so groß wie ein Kopf, durch einen Kontakt von innen erleuchtbar, versinnlicht die Formel: Natur gebrochen durch

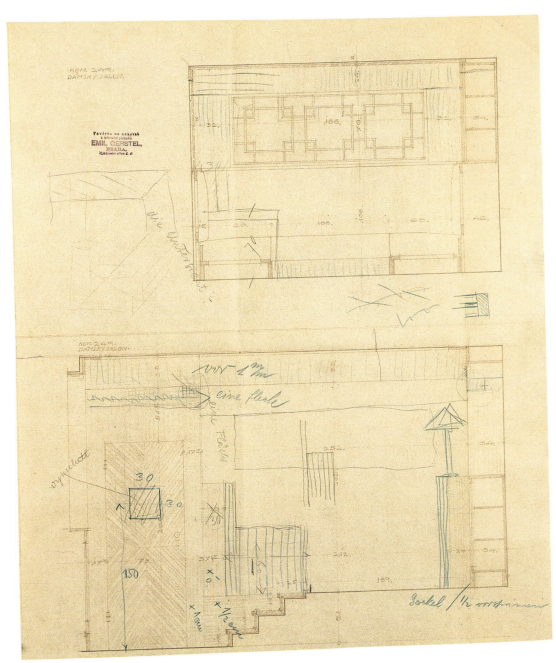

185 Villa Müller, Damenboudoir; Entwurf des Fensters, der Wandverkleidung und des eingebauten Bücherschranks

Kultur. Das Herrenzimmer schimmert noch in der ganzen Lackfrische des dunkelroten Mahagony. Das Schlafzimmer, heiter, geräumig, mit hellen Teppichen, grenzt an das weißgekachelte Badezimmer. In der Kinderstube, von deren postkutschengelbem Ölanstrich die leberblümchenblauen Schränke sich anheimelnd abheben, treffen wir eine blondköpfige Kindergruppe im Spiel verträumt. Ein Fremdenzimmer, dann eine Art Geheimkabinett mit einer Landkarte als Wandschmuck, eine mit allen Neuheiten ausgestattete Küche, ein Mägdezimmer – jedes eine Stimmung für sich, ein kleines Wunder der Behaglichkeit. Vom geräumigen Dach, wo eine ganze Sportmannschaft kampieren könnte, der Blick auf das altertümliche Prag, in Nebel getaucht, mit dem St. Veitsdom, der als schattenhafte Silhouette herübergrüßt. Es wäre reizvoll, alle die Köstlichkeiten der Möbel, Schränke, der Stiche und Gemälde an den Wänden zu schildern, die zum Verweilen laden, die metallene Grazie der Beleuchtungskörper, den Einklang der frohen Farben, die molligen Stühle, die sich auf Schritt und Tritt darbietenden Fernblicke, die Gemütlichkeit der Dielen, die Vitrinen und Bücherregale, die alles durchwaltende Traulichkeit zwischen spiegelnden Kuben und wohlriechenden Hölzern, diese Symphonie aus Stein, Metall, Holz und Glas. Aber dazu müsste ich erst einmal eine Woche dort gehaust haben, um zu wissen, wie man so viel Pracht gewöhnt sein kann und was sie aus einem macht. Kann Wohnen als Beschäftigung den Lebensinhalt ausfüllen? Und wer ist würdig eines so edlen Heims, in dem ein Dichter und Denker Hof halten könnte, der in Geselligkeit schwelgt? Der Hausherr, selbst Architekt, hat Adolf Loos den Auftrag zu dieser Schöpfung erteilt und damit eine Kulturtat geleistet. Die junge, liebreizende Hausfrau erscheint denn auch in lebendiger Gestalt und überreicht uns das Gästebuch, in dem nur wenige Namen, aber solche, die die Welt kennt, eingetragen sind. Das ist also eine Schöpfung von Loos, die alles rechtfertigt, was Freunde über ihn geschrieben haben."*)

*) Robert Scheu, „Kennst du das Haus?", in: Prager Tagblatt, ca. Jänner 1931. Aus: Rukschio/Schachel, Adolf Loos, Leben und Werk, Residenz-Verlag, Salzburg und Wien 1982, S. 611.

186 Villa Müller, Damenboudoir, Möbel und Verkleidung aus Zitronenholz

187 Villa Müller, Damenboudoir, Sitznische mit Fenster zur Halle, Hängezuglampe mit Pergamentschirm

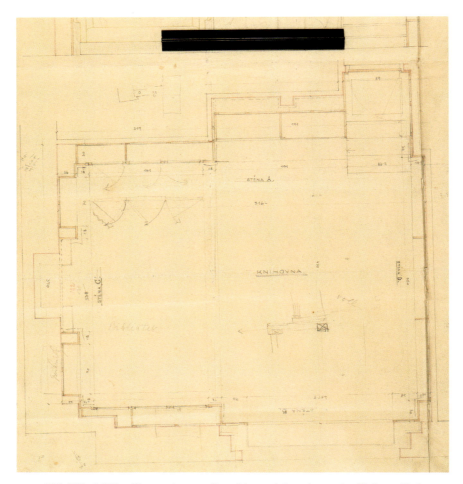

188 Villa Müller, Herrenzimmer, Grundriss und Anordnung der Einbaumöbel

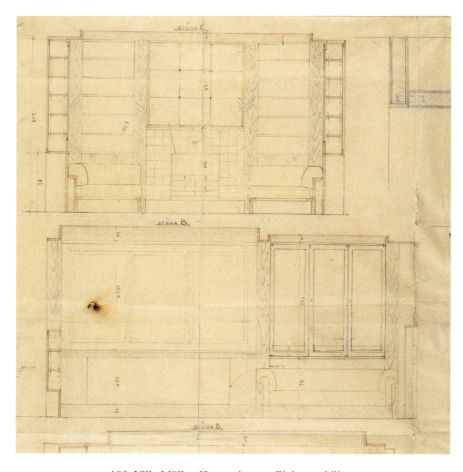

189 Villa Müller, Herrenzimmer, Einbaumobiliar;
Kaminseite mit Spiegel und Fensterseite mit Bücherwand und Sofa

190 Villa Müller, Herrenzimmer, Möbel aus Mahagoni, Kaminverkleidung mit Delfter Kacheln und bunten Fayencen. Schreibtisch mit Briefschlitz und seitlichen Türchen zur Entnahme der Briefe

"On the street beyond Bubenitsch, the villa suburb of Prague, stands a house of impressive proportions. The few irregularly positioned windows appear smaller than they actually are. We are first greeted by a breath of luxury at the entrance itself. A kind of loggia is inserted at ground level in the yellow-speckled stone. Climbing a few steps we find ourselves in the entrance hall with coat stand, and the feeling of space already surrounds us. The snowy whiteness of the square-cut columns support a ceiling whose deep blue emulates the evening sky of Venice. The radiators are exposed, a trait of Loos which I immediately recognise. A few further steps lead to a narrow corridor – which has no connection with a stairwell – and quite by surprise we come to a huge room, a room without doors, whose powerful silence overwhelms us for an instant. The hall or lounge, in any case the large communal room, has just three walls, as we only come to realise after a while, as the place of the fourth wall is taken by angular marble columns and balcony-like recesses, through which one looks through to the upper levels. The hall, whose three huge windows look out over the imposing landscape, is, despite its majestic style, a comfortable, welcoming place, which appears imbued with friendship and companionship. An imposing sofa covered in motherly-coloured plush fits snugly along one wall, while the other, where the cosy fireplace flickers, is colonised by a whole pack of armchairs, which it is easy to imagine populated by self-assured men and women. What a society life! But we are dreaming. We are completely alone, but for the veil fish, floating in contented equilibrium behind glass panels set into the marble wall. We want to linger here. Goethe says that a well-designed room should also be felt with the eyes closed. Snow-white steps divide the rooms into levels. There is no space-consuming stairwell; indeed there are no storeys as such, but merely intercommunicating rooms based as it were on a never-ending melody or the spiral arrangement of a snail's shell. It is hard to convey this three-dimensionality in words.

It is hard to say by what enchanted means we are drawn into the living room. Through a concealed door. Like a swallow's nest it is tucked away in the hall, into which you look through glass panels, able to observe the company, unnoticed, from above. Such balconies are a thing of the old fairytales. The chamber, a scherzo of lemonwood, of the brightest, grained timber cubes, vibrates with joy. The select company sinks into the golden brightness of this room, wordlessly drinking in the atmosphere. A huge rock crystal, twice as

191 Villa Müller, Schlafzimmer, Möbel aus Weichholz mit gebeizter Birne furniert, breites Fenster mit Zugang zum Balkon. Vier Türen – zum Flur, Bad, der Herren- und der Damengarderobe

big as a head, lit by an inner contact, encapsulates the formula: nature broken through by culture. The men's room again shimmers, this time with the fresh varnish of the dark red mahogany. The bedroom, bright, roomy, with light carpets, leads to the white-tiled bathroom. In the children's room, from whose post-carriage-yellow painted walls the homely, liverwort-blue cupboards project, we meet a group of blond-headed children absorbed in play. A guest room, followed by a kind of secret chamber with a map decorating the walls, a kitchen fitted out with all the latest gadgets, a maids' room – each has its own atmosphere, a little wonder of cosiness. From the spacious roof, where a whole sports team could be put through its paces, there is a magnificent view over old Prague, swathed in mist, with St Vitus cathedral rising to greet us as a shadowy silhouette. It would be a delight to describe all the treasures of the furniture, cupboards, engravings and paintings on the walls, inviting us to linger, the metallic grace of the light fittings, the harmony of the joyful colours, the cosy chairs, the views which open up with every step, the cosy hallways, the glazed panels and bookshelves, the all-pervading homeliness of the interplay between cubular forms and sweet-smelling timbers, this symphony of stone, metal, wood and glass. But I would have to have lived here for at least a week to know how one could become accustomed to so much magnificence, and what one should make of it. Can living as an activity in itself fulfil one's life? And who is worthy of such a noble home, in which poets and thinkers could hold court, which luxuriates in companionship? The owner of the house, himself an architect, commissioned Loos to bring about this creation and thus paved the way for a cultural masterpiece. The young, charmingly attractive lady of the house also appears with a lively air and passes us the guest book in which just a few names are entered, but the kind of names known the world over. This is therefore a creation by Loos which fully justifies everything his friends have written about him."*)

*) Robert Scheu, „Kennst du das Haus?", in: Prager Tagblatt, ca. Jänner 1931. Aus: Rukschio/Schachel, Adolf Loos, Leben und Werk, Residenz-Verlag, Salzburg und Wien 1982, S. 611.

192 Villa Müller, Schlafzimmer, Nachtkästchen der Dame, Hängezuglampe

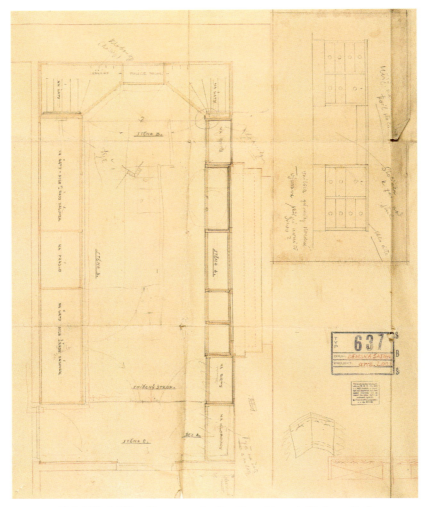
193 Villa Müller, Damengarderobe, Grundriss mit Einbaumöbel

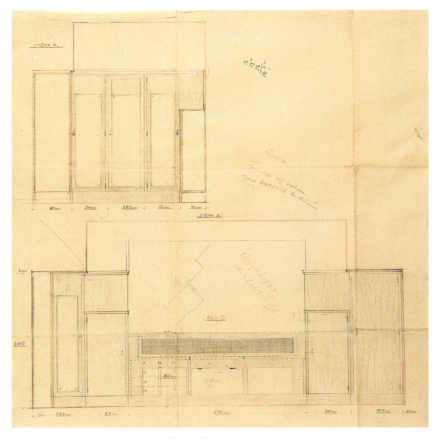
194 Villa Müller, Damengarderobe;
Einbaumöbel mit Spiegel und Toilettentisch unter dem Fenster, Schubladen und Schränke

195 Villa Müller, Damengarderobe, Möbel mit Ahorn furniert, Toilettentisch mit Opalplatte abgedeckt

«Sulla via dietro Bubenitsch, la periferia delle ville di Praga, si trova una casa dalle dimensioni imponenti. Le poche finestre distribuite irregolarmente sembrano più piccole di quanto non siano in realtà. Davanti all'ingresso restiamo subito incantati. A pian terreno, in pietra venata di giallo, è incastonata una sorta di loggia. Pochi gradini e ci ritroviamo nell'anticamera con il guardaroba, subito immersi nella particolare atmosfera creata dallo spazio. Sopra il bianco niveo dei pilastri quadrati si stende un soffitto il cui azzurro intenso fa concorrenza al colore del cielo di sera a Venezia. I termosifoni sono in bella vista, è da questo che riconosco Loos. Ancora qualche gradino in uno stretto corridoio, che nulla ha a che vedere con un vano scala, e con nostra somma sorpresa si apre dianzi ai nostri occhi una stanza imponente, una stanza senza porte, la cui quiete tonante ci fa mancare per un istante la terra sotto i piedi. In realtà la sala o il salone, in ogni caso la grande stanza di ricevimento, ha soltanto tre pareti, come notiamo solo dopo esserci riavuti dalla sorpresa, e al posto della quarta parete vi sono soltanto pilastri di marmo a spigoli e aperture a forma di balcone, attraverso le quali si possono vedere i livelli superiori. Nonostante il suo stile sublime, la sala, le cui tre imponenti finestre si affacciano sul favoloso panorama, è un luogo di soggiorno familiare e confortevole, che pare improntato all'amicizia e alla socievolezza. Un imponente divano in tessuto di peluche color viola del pensiero riempie una parete come se ne facesse parte integrante, mentre sull'altro lato, dove si trova l'accogliente camino, è disposta tutta una serie di poltrone che viene da immaginare occupate da uomini e donne abituati al potere. Quanta vita di società! Ma stiamo solo sognando. Siamo soli. In compagnia dei pesci dorati che nuotano sospesi in beato equilibrio dietro alle lastre di vetro inserite nella parete di marmo. Indugiamo. Goethe sostiene che uno spazio arredato debba essere percepibile anche a occhi chiusi. Gradini nivei interrompono lo spazio in altezza. Qui, infatti, lo spazio non è usurpato da alcun vano scala; non vi sono neppure veri e propri piani, bensì soltanto ambienti inseriti gli uni negli altri secondo il modello dell'infinita melodia o del guscio di lumaca con il suo disegno a spirale. È difficile riprodurre a parole questa tridimensionalità.

Così come è difficile spiegare la magia che ci attrae nel soggiorno. Passiamo attraverso una porta nascosta dalla tappezzeria. Simile un nido di rondine, il soggiorno si affaccia sulla sala, in cui si può guardare attraverso lastre di vetro e osservare dall'alto la gente riunita, senza essere visti. Nei vecchi libri di favole si trovano balconi di questo genere. La stanza, fatta di cubi di chiarissimo legno di limone marezzato, vibra di allegria come uno scherzo musicale. La piccola compagnia si lascia avvolgere da questo dorato chiarore,

196 Villa Müller, Herrengarderobe, Möbel und Täfelung aus Eiche, Einbauschränke mit Schiebetüren, innen mit Mahagoni furniert

assaporando l'atmosfera senza proferir parola. Un imponente cristallo di rocca, grande due volte una testa e illuminato dall'interno attraverso un contatto, sottolinea ancora di più la combinazione di natura e civiltà. Lo studio del padrone di casa riluce ancora della vernice data sul mogano rosso scuro. La camera da letto, luminosa, spaziosa, dalla tappezzeria chiara, confina con la stanza da bagno rivestita di piastrelle bianche. Nella camera dei bambini, sulle cui pareti verniciate a olio nel colore giallo delle diligenze postali risaltano con un effetto familiare gli armadi blu come l'erba trinità, incontriamo un gruppo di bambini biondi assorti nel gioco. Una camera per gli ospiti, poi una specie di stanza segreta con una carta geografica ad abbellire la parete, una cucina fornita di tutti gli accessori più moderni, una stanza per la domestica: ogni ambiente ha una propria atmosfera, è un piccolo prodigio di comodità. Dall'ampio tetto, su cui potrebbe trovare alloggio un'intera squadra sportiva, lo sguardo si stende sulla vecchia Praga, avvolta nella nebbia, con il profilo incerto della Cattedrale di San Vito. Sarei tentato di descrivere tutti i preziosi dettagli dei mobili, degli armadi, delle incisioni e dei dipinti sulle pareti che invitano a trattenersi, la grazia metallica delle lampade, l'armonia dei colori allegri, le comode sedie, i panorami che si aprono allo sguardo passo dopo passo, la confortevolezza dei vestiboli, le vetrine e le librerie, l'atmosfera da sogno che pervade di sé tutto l'ambiente tra cubi riflettenti e legni profumati, questa sinfonia di pietra, metallo, legno e vetro. Ma per far questo avrei dovuto abitarvi almeno una settimana, in modo da capire come ci si possa abituare a tanto splendore e come questo influisca sulle persone. Può il semplice fatto di abitare da qualche parte riempire l'esistenza come se fosse un'occupazione? E chi è degno di una così nobile dimora in cui potrebbe risiedere un poeta e pensatore che ami gozzovigliare in compagnia? Il padrone di casa, anch'egli architetto, ha incaricato Adolf Loos di realizzare quest'opera, compiendo in tal modo un gesto a favore della civiltà. La giovane, leggiadra padrona di casa appare infine in carne e ossa e ci porge il libro degli ospiti in cui sono riportati solo pochi nomi, ma sono i nomi che il mondo conosce. Questa è dunque un'opera di Loos ed essa giustifica tutto ciò che gli amici hanno scritto di lui.»*)

*) Robert Scheu, „Kennst du das Haus?", in: Prager Tagblatt, ca. Jänner 1931. Aus: Rukschio/Schachel, Adolf Loos, Leben und Werk, Residenz-Verlag, Salzburg und Wien 1982, S. 611.

197 Villa Müller, Speisezimmer für den Sommer. Die japanischen Holzschnitte, die Dr. Müller besaß, inspirierte Loos dazu, dieses Zimmer im japanischen Stil zu gestalten, ebenso die Fenster der Terrasse und des Damenboudoirs

« Dans la rue derrière Bubenitsch, le faubourg citadin de Prague, se dresse une maison d'une hauteur considérable. Les fenêtres, d'une disposition à tout le moins anarchique, paraissent plus petites qu'elles ne le sont en réalité. Un soupçon de plaisir se fait pour la première fois ressentir face à l'entrée. Une sorte de loggia d'une pierre mouchetée de jaune est insérée au même niveau. Après quelques marches, nous nous trouvons dans l'antichambre et son vestiaire et nous sommes instantanément saisis par l'expérience de l'espace. Au-dessus des pilastres carrés aussi blancs que la neige s'étend un plafond dont le bleu profond rivalise avec le ciel d'un coucher de soleil à Venise. Les éléments chauffants sont posés à nu, et j'y reconnais bien Loos. Nous gravissons à nouveau quelques marches dans un couloir étroit, sans relation aucune avec une cage d'escalier, et nous sommes frappés de plein fouet par une pièce magistrale, une pièce sans portes dont le calme tonitruant nous foudroie un moment. Le séjour ou le salon, en tout cas la grande pièce de réception, ne compte en réalité que trois murs, ainsi que nous le constatons en reprenant nos esprits. En lieu et place du quatrième mur trônent seulement des colonnes de marbre angulaires, complétées de découpes à la manière d'un balcon, à travers lesquelles se laissent entrevoir les niveaux supérieurs. En dépit de sa noblesse de style, le séjour, dont trois fenêtres impressionnantes ouvrent sur le paysage grandiose, offre un lieu de vie familier et confortable, qui semble habité d'amitié et de convivialité. Un canapé imposant en peluche d'une teinte misérable remplit l'un des murs comme s'il y était coulé, tandis qu'une kyrielle de fauteuils que l'on imagine peuplés d'hommes et de femmes accoutumés au pouvoir ont pris possession de l'autre côté, où resplendit la cheminée douillette. Que de mondanités ! Mais nous sommes en train de rêver. Nous sommes seuls. Avec les poissons colorés qui ondulent dans une harmonie bienheureuse derrière les baies vitrées qui ont été ménagées dans le mur de marbre. Tout invite à s'attarder dans cet endroit. Goethe a dit qu'une pièce bien conçue doit également se percevoir les yeux fermés. Des marches d'un blanc neigeux séparent la pièce dans sa hauteur. L'on ne trouve pas en effet de cage d'escalier qui engloutit l'espace, et pas non plus d'étages à proprement parler, mais uniquement des espaces qui se glissent les uns dans les autres à l'image d'une mélodie infinie ou, plus exactement, d'une coquille d'escargot et de sa construction en spirale. Il est difficile de transcrire par des mots ce caractère tridimensionnel.

Je ne saurais expliquer sans peine par quel enchantement nous sommes arrivés dans le salon. À travers une porte de tapisserie. Il est blotti dans le séjour tel un nid d'hirondelle, le séjour d'où l'on peut regarder par les fenêtres pour observer la société en toute discrétion

198　Villa Müller, Kinderzimmer, rotes Linoleum, Möbel aus weichem Holz, gelb, grün und blau lackiert

d'un point de vue surélevé. Des balcons de ce type sont décrits dans les anciens livres de contes. L'appartement, un scherzo de bois de citronnier, fait des racines ligneuses madrées les plus claires, résonne de gaieté. La petite société est immergée dans la magnificence de cette luminosité, savourant l'ambiance sans voix. Un fantastique cristal de montagne, d'une taille du double d'une tête, qui peut s'éclairer depuis l'intérieur par un contact, incarne le précepte de la nature brisée par la culture. Le fumoir scintille encore de la peinture fraîche de l'acajou rouge sombre. La chambre à coucher, chaleureuse et spacieuse dans ses tapisseries claires, est adjacente à la salle de bains carrelée de blanc. Dans la chambre des enfants, dont les armoires d'un bleu de petites fleurs se détachent avec nostalgie de la peinture à l'huile du jaune des diligences, nous rencontrons un groupe d'enfants aux têtes blondes plongés dans leurs jeux. Une chambre d'amis, puis une sorte de cabinet secret doté d'une mappemonde comme décoration murale, une cuisine équipée des dernières innovations, une chambre de bonne – chaque pièce possède une ambiance qui lui est propre, un petit miracle de confort. Depuis le toit spacieux, où pourrait camper une équipe sportive au grand complet, le panorama de la Prague antique, baignant dans le brouillard, par-dessus laquelle salue la cathédrale St. Veit comme une silhouette fantomatique. Il serait intéressant de dépeindre les multiples délicatesses des meubles, des armoires, des plis et des toiles sur les murs qui invitent à la flânerie, la grâce métallique des éléments d'éclairage, l'accord des couleurs gaies, les sièges moelleux, les vues lointaines se découvrant à chaque pas, la douceur des galeries, les vitrines et les étagères garnies de livres, l'intimité transcendantale entre les cubes réfléchissants et les bois parfumés, cette symphonie de pierre, de métal, de bois et de verre. Je devrais toutefois à cette fin séjourner une semaine dans cette maison pour découvrir comment l'on peut se familiariser à un tel faste et comment ce faste influe sur les habitants. Le fait d'habiter une maison peut-il remplir une vie comme une profession ? Et qui donc est digne d'une demeure aussi noble, dans laquelle pourrait tenir audience un poète et philosophe friand de mondanités ? Le maître des lieux, lui-même architecte, a confié à Adolf Loos la tâche de cette création et accompli ainsi un acte culturel. La jeune et charmante maîtresse de maison se présente alors l'esprit alerte et nous tend le livre d'or, dans lequel seuls sont inscrits de rares noms, mais des noms connus du monde entier. Il s'agit en résumé d'une œuvre de Loos qui justifie pleinement ce que des amis en ont écrit. »*)

*) Robert Scheu, „Kennst du das Haus?", in: Prager Tagblatt, ca. Jänner 1931. Aus: Rukschio/Schachel, Adolf Loos, Leben und Werk, Residenz-Verlag, Salzburg und Wien 1982, S. 611.

199 Villa Müller, Treppenhaus mit Galerie, Stiege aus Eichenholz, Lift und Speiseaufzug verbinden zusätzlich die verschiedenen Niveaus

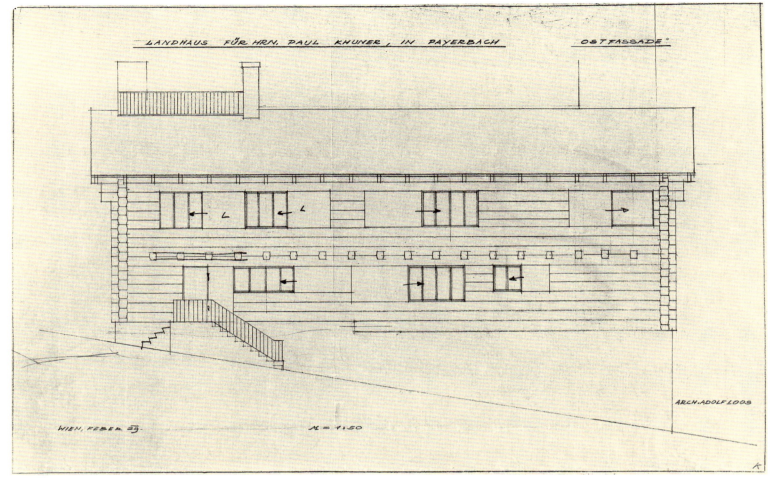

200 LANDHAUS PAUL KHUNER Ostfassade; Rotpause

Für den Lebensmittelfabrikanten Paul Khuner baut Loos am Fuße des Semmerings dieses Haus mit Blick auf Rax und Schneeberg. Loos fertigte die Skizzen und seine Mitarbeiter Heinrich Kulka zeichnete die Pläne. Ständiger persönlicher oder brieflicher Konktakt war gegeben, wobei auch Details geklärt wurden. Zum Beispiel war der Kamin in der Halle von Kulka mit Ziegeln geplant und wurde nach einigen Erörterungen von Loos auf Bruchsteine umgeändert. Die Halle ist mit einer Galerie versehen, die den Zugang zu den einzelnen Zimmern ermöglicht.

Loos built this house for food manufacturer Paul Khuner at the foot of the Semmering, with a view over the Rax and Schneeberg mountains. Loos completed the sketches and his colleague Heinrich Kulka drew up the plans. Constant contact was maintained in person or by letter, enabling details to be clarified. For example, the fireplace in the hall was planned by Kulka to be of brick, but after a few discussions with Loos was changed to rough stone. The hall has a gallery giving access to the individual rooms.

Loos costruisce questa casa ai piedi del Semmering, con vista panoramica sul Rax e sullo Schneeberg, per il produttore di generi alimentari Paul Khuner. Loos prepara gli schizzi e il suo collaboratore Heinrich Kulka disegna i progetti; grazie al costante contatto personale od epistolare i due discutono insieme anche i minimi dettagli. Così, per esempio, il rivestimento del camino nel salone, che secondo il progetto di Kulka doveva essere in mattoni, viene infine realizzato in pietra di cava dopo una serie di consultazioni con Loos. Il salone presenta una galleria che consente l'accesso alle singole stanze.

Loos a construit cette maison au pied du Semmering, dont le panorama donne sur le Rax et le Schneeberg, pour Paul Khuner, un industriel de l'agroalimentaire. Loos a préparé les schémas et son collaborateur Heinrich Kulka a dessiné les plans. Un contact permanent a été entretenu, au moyen d'entretiens personnels ou de lettres, afin de clarifier les moindres détails. Ainsi, Kulka avait imaginé de réaliser la cheminée de la salle en briques, mais la pierre de taille a finalement été utilisée à la lumière de quelques interventions de Loos. La salle est en outre munie d'une galerie qui permet l'accès aux chambres individuelles.

201 Landhaus Khuner, Kreuzberg bei Payerbach, NÖ, (mit Heinrich Kulka) 1929/30, Blockbauweise auf Bruchsteinmauerwerk

„Baue nicht malerisch. Überlasse solche wirkung den mauern, den bergen und der sonne. Der mensch, der sich malerisch kleidet, ist nicht malerisch, sondern ein hanswurst. Der bauer kleidet sich nicht malerisch. Aber er ist es.

Baue so gut als du kannst. Nicht besser. Überhebe dich nicht. Und nicht schlechter. Drücke dich nicht absichtlich auf ein niedrigeres niveau herab, als auf das du durch deine geburt und erziehung gestellt wurdest. Auch wenn du in die berge gehst. Sprich mit den bauern in deiner sprache. Der wiener advokat, der im steinklopfer-hansdialekt mit dem bauer spricht, hat vertilgt zu werden.

Achte auf die formen, in denen der bauer baut. Denn sie sind der urväterweisheit geronnene substanz. Aber suche den grund der form auf. Haben die fortschritte der technik es möglich gemacht, die form zu verbessern, so ist immer diese verbesserung zu verwenden. Der dreschflegel wird von der dreschmaschine abgelöst. (…)

Denke nicht an das dach, sondern an regen und schnee. So denkt der bauer und baut daher in den bergen das flachste dach, das nach seinem technischen wissen möglich ist. In den bergen darf der schnee nicht abrutschen, wenn *er* will, sondern wann der bauer will. Der bauer muss daher ohne lebensgefahr das dach besteigen können, um den schnee wegzuschaffen. Auch wir haben das flachste dach zu schaffen, das *unseren* technischen erfahrungen nach möglich ist. (…)

Fürchte nicht, unmodern gescholten zu werden. Veränderungen der alten bauweise sind nur dann erlaubt, wenn sie eine verbesserung bedeuten, sonst aber bleibe beim alten. Denn die wahrheit, und sei sie hunderte von jahren alt, hat mit uns mehr inneren zusammenhang als die lüge, die neben uns schreitet."

Adolf Loos, „Regeln für den, der in den Bergen baut" (1913) in: ders., Sämtliche Schriften, Bd. 1, Wien 1962, S. 329 f.

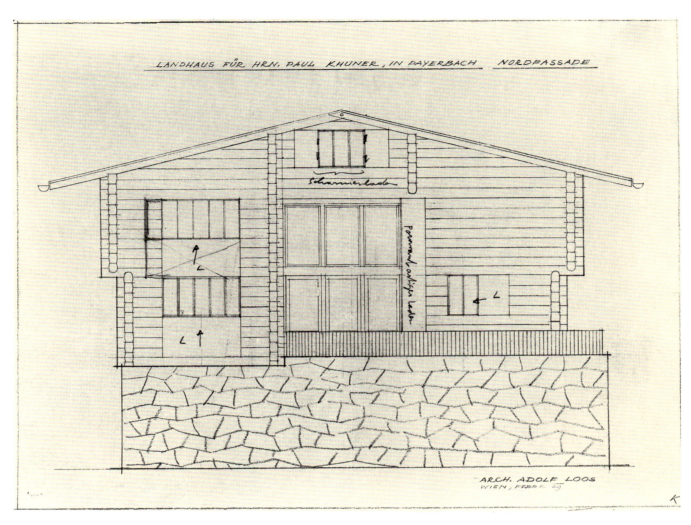

202 Landhaus Khuner, Nordfassade; Rotpause

"Do not build in a picturesque way. Leave the effects to the mason, the mountains and the sun. A person who clothes himself in a picturesque way is not picturesque but a clown. The farmer doesn't dress picturesquely but he is picturesque.

Build as well as you can. Not better. Do not be presumptuous. And not worse. Do not intentionally force yourself to a lower level than the one you were placed in by birth and upbringing. Even when in the mountains. Talk to farmers in your own language. The viennese lawyer who talks to the farmer in an affected rustic accent should be exterminated.

Pay attention to the forms farmers use when building because these incorporate grandfatherly wisdom. Do look for the origins of the form. If progress in technology made it possible to improve on the form then that improvement should be used. The flail has been replaced by the threshing machine. (…)

Don't think about the roof but about rain and snow. That is how the farmer thinks and because of that he builds the flattest roof possible in the mountains, according to his technical knowledge. In the mountains the snow should not slide off when *it* wants to, but when the farmer wants it to. Thus the farmer has to be able to walk on the roof to get rid of the snow without being in mortal danger. And we, too, have to make the flattest roof that *our* technical knowledge allows. (…)

Do not be afraid of being branded as old fashioned. Changes in the old methods of building are only allowed when they are an improvement, otherwise stick with the old. Because truth, even if it is hundreds of years old, has more inner coherence than the lie that walks alongside us."

Adolf Loos, "Rules for those who build in the mountains" (1913) in: ders., Sämtliche Schriften, Bd. 1, Wien 1962, S. 329 f.

203 Landhaus Khuner, Nordfassade

«Non costruire in modo pittoresco. Lascia questo effetto ai muri, ai monti e al sole. L'uomo che si veste in modo pittoresco non è pittoresco, è un pagliaccio. Il contadino non si veste in modo pittoresco. Semplicemente lo è.

Costruisci meglio che puoi. Ma non al di sopra delle tue possibilità. Non darti arie. Ma non abbassarti neppure. Non porti intenzionalmente a un livello inferiore di quello tuo per nascita e per educazione. Anche quando vai in montagna. Con i contadini parla nella tua lingua. L'avvocato viennese che parla con i contadini usando il più stretto dialetto da spaccapietre deve essere eliminato.

Fa' attenzione alle forme con cui costruisce il contadino. Perché sono patrimonio tramandato dalla saggezza dei padri. Cerca però di scoprire le ragioni che hanno portato a quella forma. Se i progressi della tecnica consentono di migliorare la forma, bisogna sempre adottare questo miglioramento. Il correggiato è stato sostituito dalla trebbiatrice. (…)

Non pensare al tetto, ma alla pioggia e alla neve. In questo modo pensa il contadino e di conseguenza costruisce in montagna il tetto più piatto che le sue cognizioni tecniche gli consentono. In montagna la neve non deve scivolare giù quando vuole, ma quando vuole il contadino. *Il contadino* deve quindi poter salire sul tetto per spalar via la neve senza mettere in pericolo la sua vita. Anche noi dobbiamo costruire il tetto più piatto che ci è consentito dalle *nostre* cognizioni tecniche. (…)

Non temere di essere giudicato non moderno. Le modifiche al modo di costruire tradizionale sono consentite soltanto se rappresentano un miglioramento, in caso contrario attieniti alla tradizione. Perché la verità, anche se vecchia di secoli, ha con noi un legame più stretto della menzogna che ci cammina al fianco.»

Adolf Loos, «Regole per chi costruisce in montagna» (1913) in: ders., Sämtliche Schriften, Bd. 1, Wien 1962, S. 329 f.

204 Landhaus Khuner, Vestibül

« Ne construis pas dans un style pittoresque. Laisse cet effet aux murs, à la montagne et au soleil. L'homme qui s'habille dans un style pittoresque n'est pas pittoresque mais bouffon. Le paysan ne s'habille pas dans un style pittoresque. Mais il l'est bel et bien.

Construis aussi bien que tu le peux. Pas mieux. Ne te surpasse pas. Pas non plus moins bien. Ne t'abaisse pas intentionnellement à un niveau inférieur à celui auquel t'ont placé ta naissance et ton éducation. Même lorsque tu te rends dans la montagne. Discute avec les paysans dans ta langue. Un avocat de Vienne qui parle avec un paysan dans un dialecte faussement rustaud devrait être exterminé.

Sois attentif aux formes dans lesquelles le paysan construit. Car elles sont la sagesse ancestrale d'une substance figée. Recherche cependant l'essence de la forme. Si les avancées de la technique ont permis d'améliorer la forme, cette amélioration doit toujours être utilisée. Le fléau à battre a été relégué aux oubliettes par la batteuse. (…)

Ne pense pas au toit, mais à la pluie et à la neige. C'est ainsi que pense le paysan et c'est pourquoi il construit dans la montagne le toit le plus plat qui puisse être réalisé selon ses connaissances techniques. La neige ne peut glisser en montagne lorsqu'*elle* le désire, mais seulement lorsque le paysan le désire. Le paysan doit donc pouvoir escalader le toit sans risque pour éliminer la neige. Nous devons aussi construire le toit le plus plat possible à la lumière de *nos* expériences techniques. (…)

Ne crains pas d'être blâmé d'un manque de modernité. Une modification du mode de construction ancestral est uniquement autorisée lorsqu'elle apporte une amélioration. Il faut sinon s'en tenir aux anciens procédés. La vérité, fût-elle âgée de plusieurs centaines d'années, possède en effet à notre égard un lien intérieur plus étroit que le mensonge, qui suit un cheminement parallèle. »

Adolf Loos, « Règles à l'intention de celui qui construit dans la montagne » (1913) in: ders., Sämtliche Schriften, Bd. 1, Wien 1962, S. 329 f.

205 Landhaus Khuner, Halle mit der Glaswand und Tür zur Terrasse

206 Landhaus Khuner, Halle mit der Galerie. Über dem Kaminplatz korbförmig gebogene Nische beim Frühstücksplatz

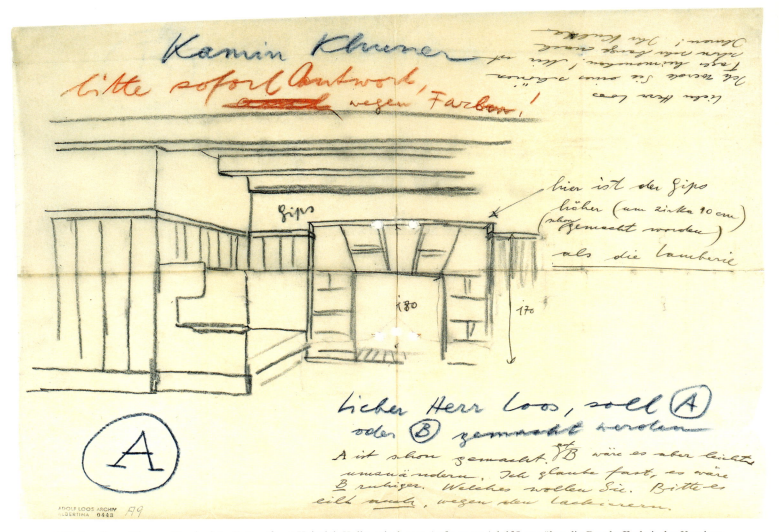

207 Landhaus Khuner, Kaminplatz, Entwurf von Heinrich Kulka mit dessen Anfrage an Adolf Loos über die Beschaffenheit des Kamins; Blei- und Buntstift auf Transparentpapier

„Auch die architekten, ich meine die modernen architekten, sollten menschen von heute sein, also moderne menschen. Die herstellung der mobilen möbel überlasse man dem tischler und dem tapezierer. Die machen herrliche möbel. Möbel, die so modern sind wie unsere schuhe und unsere kleider, unsere lederkoffer und unsere automobile. Ach, man kann freilich nicht mit seiner hose protzen und sagen: die ist aus dem weimarer bauhaus!

Die unmodernen menschen sind heute in einer verschwindenden minderzahl. Es sind zumeist architekten. Auf kunstgewerbeschulen werden sie künstlich gezüchtet. Es ist zwar ein komisches beginnen, in unseren tagen menschen auf das niveau vergangener zeiten bringen zu wollen. Aber man kann darüber nicht lachen; es hat viel unheil im gefolge gehabt.

Was hat der wahrhaft moderne architekt zu tun?

Er hat häuser zu bauen, in denen alle möbel, die nicht mobil sind, in den wänden verschwinden. Gleichviel, ob er neu baut oder nur einrichtet. (…)

Das messingbett, das eisenbett, tisch und stühle, polstersessel und gelegenheitssitze, schreibtisch und rauchertischchen – alles dinge, die von unseren handwerkern (nie von architekten!) modern erzeugt werden – möge sich jeder nach wunsch, geschmack und neigung selbst besorgen. Alles passt zu allem, weil alles modern ist (so wie meine schuhe zu meinem anzug, zu meinem hut, zu meiner krawatte und zu meinem schirm passen, obwohl sich die handwerker, die sie machen, gar nicht kennen).

Die wände eines hauses gehören dem architekten. Hier kann er frei schalten. Und wie die wände auch die möbel, die nicht mobil sind. Sie dürfen nicht als möbel wirken. Sie sind teile einer wand und führen nicht das eigenleben der unmodernen prunkschränke."

Adolf Loos, „Die Abschaffung der Möbel" (1924) in: ders., Sämtliche Schriften, Bd. 1, Wien 1962, S. 389 f.

208 Landhaus Khuner, Kaminplatz, Schieferstein aus dem Gelände

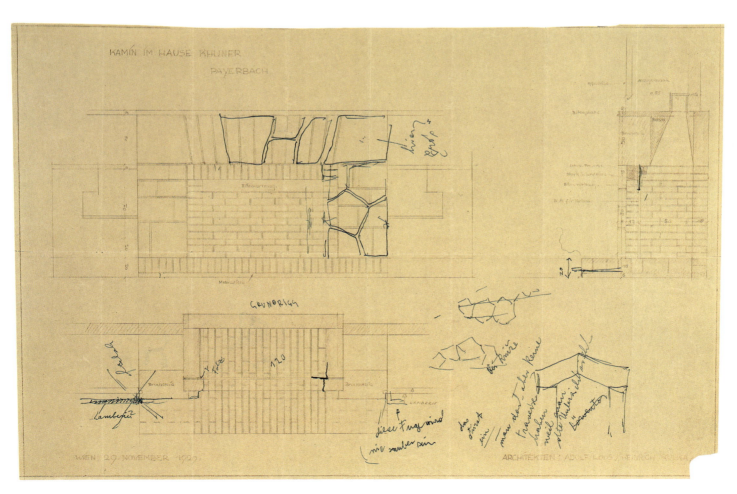

209 Landhaus Khuner, Kaminentwürfe (Adolf Loos/Heinrich Kulka); Rotpause (A.L.-A. Inv. 0308)

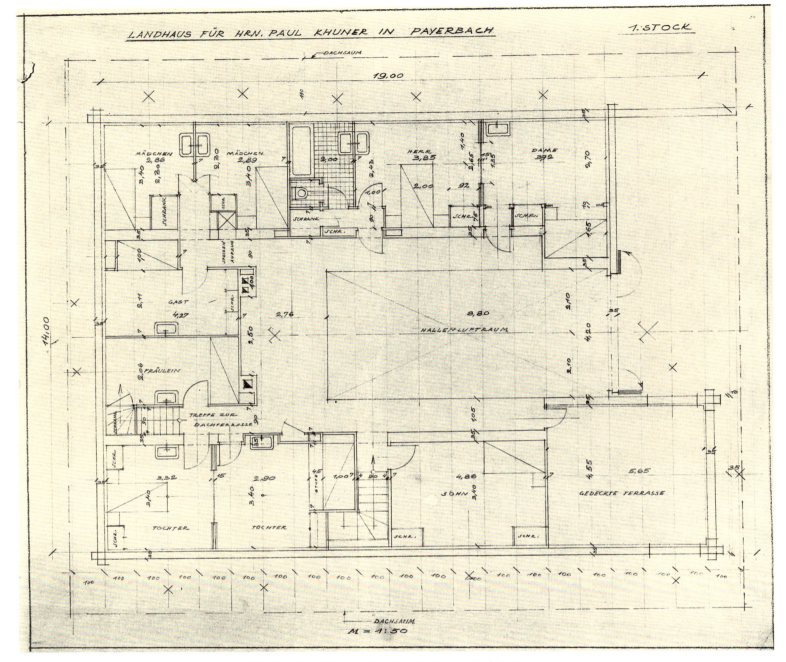

210 Landhaus Khuner, Grundriss, 1. Obergeschoß; Rotpause

"Architects too, I mean modern architects here, should be up-to-date people, they should be modern. The production of portable furniture is left up to the cabinet maker and the upholsterer. They make splendid furniture. Furniture which is as modern as our shoes or clothes, our leather suitcases and our cars. But of course I can't show off with my trousers and say – these are from the bauhaus in weimar!

Old fashioned people nowadays are a disappearing minority. Mostly they are architects. They are artificially bred in arts and crafts schools. It is a strange point to start these days – to want to bring people up to the level of bygone times. But it's not something to laugh about, it has led to a lot of mischief. What should the truly modern architect do?

He should be building houses in which all non-portable furniture disappears into the walls. Whether he is building anew or simply furnishing. (…)

The brass bedstead, the iron bedstead, table and chairs, upholstered chairs and occasional seating, writing desk and small side tables, these are all things which are made to be modern by our craftsmen (never by architects!) – and each person has to find them for himself according to his own desires, tastes and inclinations. Everything matches everything else because it is all modern (just as my shoes match my suit, my hat, my tie and my umbrella even though the craftsmen who make them do not know each other).

The walls of a house belong to the architect. He has the freedom to do as he will here. And as with walls he can deal with non-portable furniture. It should not appear to be pieces of furniture. They are part of a wall and do not have a life of their own like the old fashioned show-piece cupboards."

Adolf Loos, "The Abolition of Furniture" (1924) in: ders., Sämtliche Schriften, Bd. 1, Wien 1962, S. 389 f.

211 Landhaus Khuner, Schlafzimmer. Der Toilettespiegel erweitert optisch die Enge des Raumes

212 Landhaus Khuner, Schlafzimmer

213 Landhaus Khuner, Gästezimmer im Parterre, Entwurf von Heinrich Kulka, Bleistift auf Papier

«Anche gli architetti, intendo dire gli architetti moderni, dovrebbero essere uomini di oggi, quindi uomini moderni. La produzione di mobili spostabili la si lasci al tappezziere e al mobiliere. Costoro fanno mobili stupendi. Mobili che sono moderni come le nostre scarpe e i nostri vestiti, come le nostre valigie di cuoio e le nostre automobili. Ah, non è certamente possibile gloriarsi dei propri pantaloni e dire: sono del bauhaus di weimar!
Le persone antimoderne oggi sono una minoranza in via di estinzione. Si tratta per la maggior parte di architetti. Nelle scuole di arte applicata essi vengono allevati artificialmente. È un'impresa ben comica quella di pretendere, ai nostri giorni, di riportare delle persone al livello di epoche passate. Ma c'è poco da riderci sopra; questa impresa ha avuto delle conseguenze disastrose.
Che cosa deve fare l'architetto veramente moderno?
Deve costruire delle case nelle quali tutti quei mobili che non si possono muovere scompaiano nelle pareti. Sia che egli costruisca un edificio nuovo, sia che ne curi soltanto l'arredamento. (…)

I letti di ottone, i letti di ferro, i tavoli e le sedie, le poltrone e i sedili in genere, le scrivanie e i tavolini – tutte cose che vengono realizzate in modo moderno dai nostri artigiani (mai dagli architetti!) – ognuno se le procuri da sé secondo il suo desiderio, il suo gusto e la sua inclinazione. Ogni cosa va d'accordo col resto perché è moderna (così come le mie scarpe vanno d'accordo con il mio vestito, con il mio cappello, con la mia cravatta e con il mio ombrello, sebbene gli artigiani che li hanno prodotti non si conoscano affatto fra di loro).
All'architetto appartengono i muri della casa. Qui egli può fare ciò che vuole. E come i muri gli appartengono i mobili che non si possono spostare. Essi non possono fungere da mobili: fanno parte del muro e non hanno una vita propria come gli antimoderni armadi di lusso.»

Adolf Loos, «L'eliminazione dei mobili» (1924) in: ders., Sämtliche Schriften, Bd. 1, Wien 1962, S. 389 f.

214 Landhaus Khuner, Deckenleuchten im Schlafzimmer

215 Landhaus Khuner, Garderobehaken und Kippfächer

216 Landhaus Khuner, Ladenschrank

217 Landhaus Khuner, Badezimmer, Wasserhahn

218 Landhaus Khuner, Badezimmer, Sperrventil der Badewanne

« Même les architectes, je veux dire, les architectes modernes, doivent être des hommes d'aujourd'hui, des hommes modernes. La fabrication des éléments mobiles de l'ameublement est confiée aux ébénistes et aux tapissiers. Ils fabriquent de formidables meubles. Des meubles aussi modernes que nos chaussures et nos vêtements, nos malles en cuir et nos automobiles. L'on ne peut hélas se pavaner avec un pantalon et clamer : il vient du weimar bauhaus !
Les hommes non modernes représentent désormais une minorité en voie d'extinction. Ce sont pour la plupart des architectes. Ils sont entretenus artificiellement dans les écoles d'arts décoratifs. Voilà bien un étrange point de départ que de vouloir amener nos contemporains au niveau d'époques révolues. L'on ne peut toutefois pas en rire, tant ce procédé a engendré de grandes calamités.
Que doit faire un architecte réellement moderne ?
Il doit construire des maisons dans lesquels tous les meubles qui ne peuvent être déplacés disparaissent dans les murs. Peu importe qu'il bâtisse une nouvelle maison ou qu'il se borne à l'aménager. (…)
Le lit en laiton, le lit en fer, la table et les chaises, les fauteuils rembourrés et les sièges de circonstance, le bureau et les commodes d'appoint – autant d'objets qui sont créés dans un esprit moderne par nos artisans (jamais par les architectes !) et qui doivent être choisis par chaque individu selon ses désirs, ses goûts et ses tendances. Tout s'accorde à tout car tout est moderne (de même que mes chaussures s'accordent à mon costume, à mon chapeau, à ma cravate et à mon parapluie alors que les artisans qui les ont fabriqués ne se connaissaient ni d'Ève ni d'Adam).
Les murs d'une maison appartiennent à l'architecte. Il peut s'y exprimer à sa guise. Et à l'instar des murs, les meubles qui ne sont pas déplaçables. Ils ne peuvent être assimilés aux meubles. Ils font partie intégrante des murs et n'ont pas l'existence autonome des dressoirs d'apparat à présent désuets. »

Adolf Loos, « L'éradication du mobilier » (1924) in: ders., Sämtliche Schriften, Bd. 1, Wien 1962, S. 389 f.

219 Landhaus Khuner, Zimmer des Sohnes

220 Landhaus Khuner, Aufgang in das Obergeschoß

„Der architekt, der dekorateur kennt seinen auftraggeber kaum dem namen nach. Und wenn der bewohner diese räume hundertmal käuflich erworben hat, es sind doch nicht s e i n e zimmer. Sie bleiben immer das geistige eigentum desjenigen, der sie erdacht hat. Auf den maler konnten sie daher nicht wirken, es fehlte ihnen jeder geistige zusammenhang mit dem bewohner, es fehlte ihnen jenes etwas, das sie eben im zimmer des dummen bauern, des armen arbeiters, der alten jungfer fanden: Die intimität.

Ich bin gott sei dank noch in keiner stilvollen wohnung aufgewachsen. Damals kannte man das noch nicht. Jetzt ist es leider auch in meiner familie anders geworden. Aber damals! Hier der tisch, ein ganz verrücktes krauses möbel, ein ausziehtisch mit einer fürchterlichen schlosserarbeit. Aber u n s e r tisch, u n s e r tisch! Wisst ihr was das heißt? Wisst ihr welche herrlichen stunden wir da verlebt haben? Wenn die lampe brannte! Wie ich als kleiner bub mich abends nie von ihm trennen konnte, und vater immer das nachtwächterhorn imitierte, so dass ich ganz erschreckt ins kinderzimmer lief! Und hier der schreibtisch! Und hier der tintenfleck darauf. Schwester Hermine hat hier als ganz kleines baby die tinte ausgegossen. Und hier die bilder der eltern! Welch schreckliche rahmen! Aber es war das hochzeitsgeschenk der arbeiter des vaters. Und hier der altmodische sessel! Ein überbleibsel aus dem hausstande der großmutter. Und hier ein gestickter pantoffel, in dem man die uhr aufhängen kann: Schwester Irmas kindergartenarbeit. Jedes möbel, jedes ding, jeder gegenstand erzählt eine geschichte, die geschichte der familie. Die wohnung war nie fertig; sie entwickelte sich mit uns und wir in ihr. Wohl war kein stil darin. Das heißt kein fremder, kein alter. Aber einen stil hatte die wohnung, den stil ihrer bewohner, den stil der familie."*)

"The architect, the decorateur hardly knows the name of his employer. And even if the inhabitant of these rooms had bought them a hundred times over, they are still not h i s rooms. They remain the intellectual property of he who conceived them. Because of that, they could not influence the painter – there is no spiritual connection to the person who lived in them. What was missing was something which can be found in the room of a stupid farmer, a poor worker, an old spinster: intimacy.

Thank God I did not grow up in a stylish apartment. Back then it was unknown. Now it is unfortunately different in my family as well. But back then! Here is the table, a completely crazy, peculiar piece of furniture, an extending table with dreadful fittings. But it was o u r table, o u r table. Do you know what that means? Do you know how many wonderful hours we spent there? When the lamp was burning. How, as a young boy, I could not be separated from it in the evening and father always imitated the night watchman's horn so that I ran scared into the children's room. Here is the writing desk. Here is the ink stain on it. Sister Hermine poured out the ink here when she was just a little baby. Over here the pictures of my parents. What are horrible frames. But it was a wedding present from my father's workers. And here is the old-fashioned chair. A remnant of the inventory of grandma's house. And here is an embroidered slipper in which one can hang up the clock: sister Irma's kindergarten work. Every piece of furniture, every thing, every object tells a story, the history of the family. The apartment was never finished, it developed with us and we in it. But there was no style to it. That means not foreign, not old. But the apartment did have a style, the style of its occupants, the style of the family."*)

«L'architetto, il decoratore, conoscono a malapena il nome del loro committente. E se anche chi vi abita si fosse comperato cento volte queste stanze, tuttavia non saranno mai le s u e stanze. Rimarranno sempre patrimonio spirituale di chi le ha ideate. Sul pittore non potevano quindi esercitare alcun effetto, mancava a esse l'affinità spirituale con l'abitante, mancava quel qualcosa che i pittori appunto trovavano nelle stanze del contadino, dell'operaio, della vecchia zitella: l'intimità.

Io, grazie al cielo, non sono cresciuto in un appartamento in stile. A quel tempo non esisteva ancora. Ora purtroppo le cose sono cambiate anche nella mia famiglia. Ma allora! Qui il tavolo, un mobile assolutamente folle e pasticciato, un tavolo allungabile per mezzo di un incredibile congegno. Però era il n o s t r o tavolo, il n o s t r o tavolo! Sapete che cosa significa? Sapete che ore straordinarie abbiamo trascorso accanto ad esso? Quando ardeva la lampada! E come io, da ragazzino, alla sera, non riuscivo mai a staccarmene, e mio padre imitava sempre il corno del vigile notturno e così io correvo tutto spaventato nella mia cameretta! E qui la scrivania! Con sopra una macchia d'inchiostro, la sorella Hermine quand'era molto piccola ci aveva rovesciato l'inchiostro. E qui i ritratti dei genitori! Che orribili cornici! Ma era il dono di nozze dei dipendenti di mio padre. Questa sedia antiquata! Un avanzo della casa della nonna. Una pantofola ricamata a cui si può appendere l'orologio: lavoro infantile della sorella Irma. Ogni mobile, ogni cosa, ogni oggetto racconta una storia, la storia della famiglia. L'appartamento non era mai finito; cresceva con noi e noi crescevamo con lui. Eppure non aveva stile alcuno. Questo significa: nessuno stile estraneo, nessuno stile antico. Ma uno stile l'appartamento l'aveva, lo stile di chi vi abitava, lo stile della famiglia.»*)

« L'architecte, le décorateur connaissent à peine le nom de leur maître d'ouvrage. Et l'occupant de ces pièces les aurait-il achetées cent fois sur le marché, ce ne sont pas encore s e s pièces. Elles restent la propriété spirituelle de celui qui les a imaginées. Elles n'ont pu pour cette raison influer sur le peintre. Il leur manquait la relation spirituelle avec l'occupant, il leur manquait ce quelque chose qu'elles trouvent même dans la chambre du paysan niais, de l'ouvrier pauvre, de la vieille fille : l'intimité.

Je n'ai pas grandi Dieu merci dans une habitation de grand style. L'on ne connaissait pas encore ces habitations à l'époque. Les temps ont aujourd'hui changé, hélas, pour ma famille également. Mais à l'époque ! Voici la table, un meuble abscons absolument dément, une table à coulisses à la serrurerie effroyable. Mais c'était n o t r e table, n o t r e table ! Savez-vous ce que cela signifie ? Savez-vous les heures fantastiques que nous y avons passées ? Lorsque la lampe a brûlé ! Et que, enfant, je ne parvenais jamais à m'en séparer le soir venu et que père imitait toujours le cor du veilleur de nuit pour que je m'enfuie tremblant de peur dans la chambre d'enfant ! Et voici le bureau ! Avec sa tache d'encre. Ma sœur Hermine a renversé l'encre alors qu'elle n'était encore qu'un poupon. Et voici la photographie de mes parents ! Quel cadre affreux ! Mais c'était le cadeau de mariage des ouvriers de mon père. Et voici le fauteuil désuet ! Une réminiscence du ménage de ma grand-mère. Voici encore une pantoufle tricotée dans laquelle on peut suspendre l'horloge : un bricolage d'école maternelle de ma sœur Irma. Chaque meuble, chaque pièce, chaque objet raconte une histoire, l'histoire de la famille. L'habitation n'a jamais été terminée, elle se développait avec nous et nous avec elle. Elle ne répondait certes à aucun style. En conséquence, aucun étranger, aucun âge. Mais cette habitation possédait un style, le style de ses occupants, le style de la famille.»*)

---

*) Adolf Loos, „Die Interieurs in der Rotunde – The Interiors of the Rotunde – Gli interni nella Rotonda – Les intérieurs de la Rotunde" (1898) in: Sämtliche Schriften, Bd. 1, Wien 1962, Herold Verlag, S. 24.

221 GÄRTNERHAUS KHUNER Kreuzberg bei Payerbach, NÖ, 1929/30

222 Gärtnerhaus Khuner, Blick von der Straße

223 EINFAMILIEN-DOPPELHAUS Werkbundsiedlung, Wien 13, Woinovichgasse 13, 15, 17, 19 (mit Heinrich Kulka), 1930/32

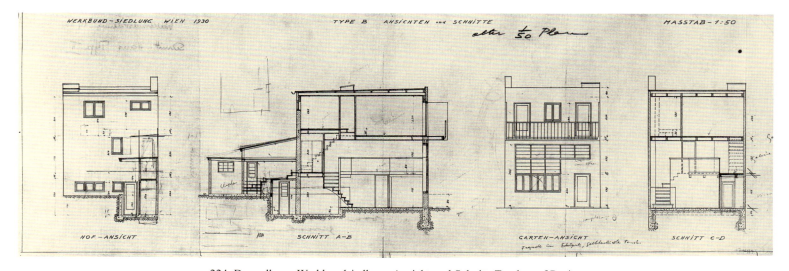

224 Doppelhaus, Werkbundsiedlung, Ansicht und Schnitt; Tusche auf Papier

225 Doppelhaus, Werkbundsiedlung; Blick vom Schreibplatz auf die Galerie

226 Doppelhaus, Werkbundsiedlung; Wohnzimmer mit Aufgang zur Galerie

227 VILLA DR. JUR. WINTERNITZ Prag-Smichov, Na Cihlarce 10, 1931/32

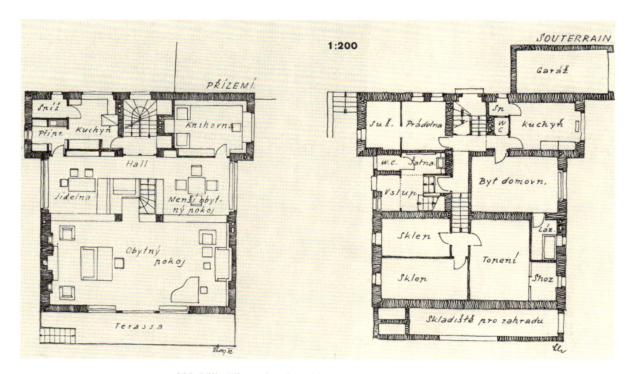

228 Villa Winternitz, Grundriss Hochparterre und Souterrain

229 Villa Winternitz, Ansicht vom Garten

Loos fertigt für dieses Haus lediglich einige Skizzen über den Grundriss und die Raumordnung an. Karel Lhota ist wieder sein Mitarbeiter. Er übernimmt die gesamte Planungsarbeit für die Villa.

Loos merely drew some sketch plans for the floor plan and room layout for this house. Karel Lhota once again worked with him, and undertook the main planning work for the villa.

Loos realizza per questa casa soltanto alcuni schizzi relativi alla pianta e alla disposizione spaziale. Anche in questo caso Karel Lhota collabora con l'architetto e si fa carico di tutto il lavoro di progettazione della villa.

Loos réalise uniquement pour cette maison quelques esquisses de l'implantation et de l'aménagement intérieur. Il collabore à nouveau avec Karel Lhota, mais prend en charge l'ensemble des opérations de planification.

Ausgewählte und zitierte Literatur

Adolf Loos *Sämtliche Schriften*, Bd 1, Herold-Verlag, Wien 1962
Adolf Loos *Trotzdem*, Georg Prachner Verlag, Wien, 1982
Adolf Loos *Die Potemkinische Stadt*, Georg Prachner Verlag, Wien 1982
Adolf Loos *Ins Leere gesprochen*, Georg Prachner Verlag, Wien 1981
Peter Altenberg *Konfrontationen*, Georg Prachner Verlag, Wien 1988
Burkhardt Rukschio und Roland Schachel *Adolf Loos*, Leben und Werk, Residenz Verlag, Salzburg und Wien, 1982
Adolf Loos *Mein Haus am Michaeler Platz*, in: Parnass Sonderheft 2, Aufbruch zur Jahrhundertwende, Der Künstlerkreis um Adolf Loos, 1985
Ludwig Hevesi *Altkunst – Neukunst*, Wien 1984 – 1908, Verlagsbuchhandlung Carl Konegen, Wien 1909
Adolf Loos *Die neue Wirtschaft*, Wien 1. Jg. 1923
Adolf Loos *Architekt SIA*, Prag 32. Jg. 1933

Bildnachweis

Bildarchiv der Österreichischen Nationalbibliothek: 1-3
Albertina, Wien: 4,6-9,16,20,22,25,27,34,35,37,39,43-45,62,97,101,102,109,115,116,
140,142,152,154,158,160,178,200,202,207,209,210,213,224
Wiener Kunstauktionen im Palais Kinsky: 41,64,93,94,117,128,129
Galerie bei der Albertina, Zetter: 110
Museum der Hauptstadt Prag – Müller-Villa, Fotos: Pavel Stecha & Radovan Bocek: 162-164,
167,174-177,179-182,184,186,187,190-192,195-199
Museum für Dekorative Kunst – Prag: 165,166,168,169,171-173,183,185,188,189,193,194
Burkhardt Rukschio und Roland Schachel, *Adolf Loos*, Residenz Verlag, Salzburg und Wien, 1982: 228

Dank

Mein besonderer Dank gilt den Bewohnern der von Adolf Loos gebauten Villen, die mir ausnahmsweise den Zutritt für meine Aufnahmen gestatteten.
Weiters bedanke ich mich für die Erlaubnis Aufnahmen machen zu dürfen bei den Inhabern der von Adolf Loos eingerichteten Geldinstitute,
der Kärntner Bar sowie des Schneidersalons Kniže.